JN333534

認知行動療法と精神分析が出会ったら

こころの臨床達人対談

伊藤絵美 × 藤山直樹

岩崎学術出版社

まえがき

この本は、認知行動療法と精神分析が出会ったら、どのような対話が生成されるのか、という主題に向けられた、「認知行動療法と精神分析の対話」（二〇一五年夏、於新宿）というワークショップをもとにしています。私はそこにスピーカーとして参加しました。

認知行動療法は今世紀に入った頃から、精神分析家である私にとって大きな関心の的でした。日本のこころの臨床の領域で、認知行動療法の果たす役割がこれからどんどん大きくなるだろうということは間違いありません。それはユーザーに説明しやすいし、短期で効果も堅実です。セラピストの訓練も精神分析に比してはるかに時間とコストがかかりません。大学や大学院での教育とも、精神分析よりはるかに相性がいいでしょう。

精神分析家である私にとって、認知行動療法は同じユーザーたちを相手にしている営みである部分があります。そして、これから臨床実践を志している人たちの進路という点でも競合的な側面があるかもしれません。自分のディシプリンと認知行動療法はどのように違うのでしょうか。私はそれを専門とする臨床家とどのようなにつきあっていけばいいのでしょうか。こういうことはこの一〇年くらいいつも私の頭の片隅に存在した問題でした。

そういう私に伊藤絵美先生との出会いが光を差し込んでくれました。かつての職場で卒業論文を指導した人が彼女のオフィスで働いていたことが縁になって、二〇一二年頃から先生とお近づきになり、いろいろと話す機会をいただきました。私にとっての認知行動療法との出会いです。先生のワークショップにも参加しましたし、ケースセミナーにも出席してみました。私がオフィスでやっているケースセミナーに先生がオブザーバーとして参加されたこともありました。

先生とＳＮＳで交流すると、先生が精力的な読書家であり、新しく面白いものにつねに偏見なく向き合っているたぐいまれな資質の持ち主であることがよくわかります。私の著書を読まれて、それをどう感じられたかをアップされたこともありました。ありがたいことでした。一言でいって、先生はとてもオープンでまっすぐな感じのする人です。わからないことや知らないことに拒否的になるのではなく、健全な好奇心を維持して前向きに取り組もうとなさいます。

私が先生に親近感を覚えるのは、同じ開業の臨床家であるということも大きいと思います。ユーザーからじかに金をもらって生きるということに私は臨床家としての醍醐味を感じています。同時に、それがとても真っ当なことだと思っています。先生のオフィスを訪問したとき、先生のやっておられることの潔さのようなものを私は確実に感じました。

こうして、伊藤先生と私は意義深い、とはいえそれほど頻繁でも密でもない交流を数年もってきたのですが、私はこの友好的交流が何かの形で形にならないかなと考えてもいました。妙木浩之先生に伊藤先生との交流について話したことがあったかどうか、あまり記憶はありませんが、妙木先生がそれを覚えていてくださったことが、この本のもとになったワークショップの実現の端緒になりました。

二〇一五年夏のこのワークショップが終わったとき、すでに伊藤先生とのつきあいで生じていた感覚、すなわち認知行動療法というものが臨床的にきわめて意味のあるものだという感覚はさらに固まった気がしました。認知行動療法が精神分析と葛藤的、競合的な敵対者であるという感覚はほぼ消えました。それは精神科医としての私にとって、必要ならぜひ患者を紹介したい相手、精神分析家としての私にとっては、協力関係を維持し、たがいに啓発しあうべき相手なのです。

それにしても妙木先生が、認知行動療法と精神分析の出会いをテーマにしたワークショップに、伊藤先生と私をスピーカーとして呼ぶことを思いついてくださらなければこの機会はなく、私が認知行動療法とのあいだで考えたことや伊藤先生との交流で体験してきたことを何らかの形にすることは、ずっと後になってしまったと思います。この点で、妙木浩之先生に深く感謝するものです。

また、このパネルは精神分析的心理臨床セミナーが主催するものでした。パネル当日に司会、討論者として参加してくださった、乾吉佑先生、深津千賀子先生、中村留貴子先生はじめ、精神分析的心理臨床セミナーの先生方に感謝いたします。

また伊藤先生とのつながりを作ってくださった、吉村由未さんにも感謝いたします。

そしてもちろん、伊藤絵美先生が私にしてくださった臨床ということへの新しい展望の拡大に向かう啓発と、友情にこころから感謝いたします。

岩崎学術出版社の長谷川純さんには、ずっとお世話になりっぱなしです。ありがとうございます。今後ともよろしく。

二〇一六年　私の誕生日に

足入るる長靴の闇原爆忌

藤山　直樹

目次

第2章　精神分析をめぐって

第３章　認知行動療法と精神分析の対話

第１章
認知行動療法をめぐって

認知行動療法のエッセンス

自己紹介

伊藤：おはようございます。伊藤と申します。よろしくお願いします。
　最初にこのお話いただいたときの私の自動思考は、「何で私なんだろう？」とか、「何されるんだろう？」とか（笑）、そういうちょっと恐ろしい自動思考がたくさん出て来ています。今もほとんど気持ちの上では完全アウェイ（笑）。

一同：（笑）

伊藤：五時までもつかなっていう、そういう気が非常にするんで途中で倒れちゃったらもう本当にすみません。とりあえず一時間、認知行動療法についてお話をさせていただきます。

　一時間の割にはちょっと驚異的にたくさんのスライドを持ってきてしまったので、適当にはしょりながらお話をすることになりそうです。最初に断っておきますが、今日は結構とっ散らかった話になると思います。それは認知行動療法が今結構とっ散らかってきてるんです。それに加えて、私自身が本当にとっ散らかってる人間なので、なおさらそうなってしまうんだと思うんですが、今日はかなりバラバラなお話になってしまうと思います。

　まず自己紹介します。私は臨床心理士です。大学・大学院は慶應でした。学部で基礎心理学を勉強しまして、大学院から臨床に移ったんですけれども、それこそ大学院の同級生はみんな慶応精神分析セミナーでしたっけ？　あそこに行ってまして。私はそのころから認知療法の勉強を始めたんですが、ほとんど変人扱いでした。みんな精神分析の勉強をしていて、「あなた何やってんの？」みたいな、そんな感じの孤独な大学院時代でした（笑）。みんななので、認知行動療法がここまでメジャーになるとはまったく思ってなかったです。もっと細々と片隅で論じられ続けるのかなと思っていたら、なぜか最近結構知られるようになってきちゃったという感じです。

臨床としては博士課程に進むと同時に精神科のクリニックで仕事を始めまして、心理士としてカウンセリングをするということと、途中からデイケアの仕事も始めました。最初は非常勤で、博士課程を出てから常勤になりました。そのクリニックにわりあい長く勤めましたが、途中で二年ほど民間企業でＥＡＰ（従業員支援プログラム）の仕事をしていたときもあります。

二〇〇四年に洗足ストレスコーピング・サポートオフィスという自分自身のオフィスを開業しました。今年で十二年目ですか。ここはもう認知行動療法専門のカウンセリング機関ということで、私以外にも臨床心理士が全員非常勤ですけれども十七名所属しております。したがって私は経営者であり、所長であり、スーパーバイザーであり、同時に私自身もカウンセリングの担当をしております。

認知行動療法は短期の精神療法と言われることが多いですが、うちのオフィスのケースは全然短期ではありません。それはもちろん私たちの腕のまずさもあるのかもしれないけれども、八割方が精神科からの紹介で、特に長期にわたってすでに治療を受けている人が多いです。それで長期に治療を受けてもよくならないということで、追加のアプローチとして、「認知行動療法はどうだろうか」ということで来る人が多いので、認知行動療法であっても長くかかるケースが多いです。

私自身の専門は、認知行動療法とストレスマネジメント、そして今日少しお話しますけれどもスキーマ療法というものを、今結構一生懸命勉強しています。あと二〇一一年から千葉大学に非常勤で所属していて、そちらでも研究や教育の仕事をしています。認知行動療法が発展したセラピーとしてスキーマ療法というのがありまして、私自身は今かなりそちらに入れ込んおりまして、とうとう「日本スキーマ療法研究会」という組織を作ってしまいました。皆さんにもよければお入りいただけると嬉しいです。あとでまた少しご紹介します。

認知行動療法（CBT）の理念と基本モデル

ということで早速、認知行動療法のお話をします。認知行動療法は英語だと「Cognitive Behavior Therapy」と言い、略して「CBT」と呼ぶことが多いです。認知行動療法を私なりに定義すると、基本的には「ストレスとの付き合い方」ということになります（図1）。ストレスと上手に付き合うために、頭の中の考えとかイメージ、すなわち認知を工夫しましょう。そして行動を工夫しましょう、と。それらの工夫を通じて上手にストレスと付き合えるようになるための一つのツールとして認知行動療法っていうのがある、そういう考え方です。

目指すのは「セルフヘルプ」です。自分助けを上手にしましょう、と。ですからセラピーではあるのですが、このCBTの「T」は「Training」のTでもあるんです。学んでもらう、身につけてもらう、そういうアプローチになります。

○ストレスの問題を，認知（頭の中の考えやイメージ）と行動（実際のパフォーマンス）の工夫を通じて自己改善するための考え方と方法の総称。
○当事者の自助（セルフヘルプ）の回復や育成が，最大の目標である。
○「セラピー」とはいえども，お稽古事モデルやトレーニングモデルでとらえるとわかりやすい ⇒ セルフヘルプのための考え方と方法を，当事者自身に習得してもらう。セラピスト（治療者）は，トレーナーとして機能する。またトレーナーがいなくても自主トレが可能である。
○セラピスト＝トレーナーは，自らのストレスマネジメントのためにCBTを使いこなせるようになっておく必要がある。

図１　認知行動療法（Cognitive Behavior Therapy : CBT）

もう一つ認知行動療法の特徴は「セルフでできる」ということがあります。セラピストがいなくても、ワークブックやウェブを使って自主トレができるという特徴があります。ここがもしかしたら精神分析との大きな違いなのかもしれないです。したがってセラピストはトレーナーとして機能する必要があります。セラピストはトレーナーとして、クライアントが楽しく気持ちよくＣＢＴを身につけるためのお手伝いをする、というそういう立場です。

それからもう一つ重要なのが、そのＣＢＴがストレスマネジメントのためのツールであるとしたら、セラピスト自身がＣＢＴを身につけて、ＣＢＴをツールとして自分自身のストレスケアのために使いこなせるようになっておく必要があるということです。

トレーナーってそうですよね？　自動車教習所に行って、その教習所の教官はやっぱり運転が上手くないとまずいですよね？　ヨガ教室に行ってヨガの先生の身体が硬いっていうのはお話にならないですよね？　それと一緒で、ＣＢＴのセラピストはまず自分自身のストレスケアにＣＢＴを使いこなせるようになっておいて、その使用感、この技法はこういうふうに使うと結構めんどくさい、この技法はこんなふうに使うと結構役に立つとか、そういったことをちゃんと自分の身体を通して知っておく必要があるということになります。

これはよく使うたとえ話ですが、基礎化粧品を薦めるのと一緒なんです。私、ある友人から基礎化粧品を買っていますが、なぜ彼女から買っているかというと、彼女がそれを使っていてすっごく肌がきれいなんです。だからとても説得力があるわけです。「それを使ってそんなにきれいになるんだったら私も使おうかしら」という気持ちになるわけです。ですがその基礎化粧品も、「この化粧水どう？」って薦めてくれた人の肌がもしボロボロだったとしたら説得力ないですよね？　「え？　これ使ってそうなっちゃうの」みたいな。ないしは「私は使ってないんだけどね」って化粧水を薦められてもやっぱり信用できないですよね？　なので、やっぱり自分のために使っているっていうのがとても大事なんです。

認知行動療法の歴史

認知行動療法の歴史ですが、行動療法と認知療法が合体してＣＢＴとなりました。合体といっても結局はアプローチが異なっており、実際には行動療法系のＣＢＴと認知療法系のＣＢＴの二つが同時にある感じです。したがってＣＢＴについて語る人が、行動療法系の人か、認知療法系の人かで、ＣＢＴについての話の切り口が違うので、初学者は混乱してしまいがちですし、混乱して当然なんです。ＣＢＴには二つの切り口があるんだな、というふうにお考えください。（図２）

私自身は認知療法系の認知行動療法をやってます。認知療法はアーロン・ベック先生が構築しました。ベック先生はもともと精神分析家でしたがその途中で認知療法を構築し、そこから発展した認知療法系のＣＢＴがあり、私はそれを学び、実践しています。ただし両方ともエビデンスベーストであるという大きな共通点があります。これは治療効果のエビデンスだけではなく、その治療の元となる理論やモデルについても実証研究に基づいたものを使いましょうという、そういうポリシーがあります。エビデンスベーストというポリシーは認知療法でも行動療法でも一緒ですので、段々そのへんで合体してきて、今では認知行動療法というかたちで統合されています。

業界の話になっちゃいますが、日本行動療法学会が「日本認知・行

○行動療法は，行動心理学および学習心理学に基づく実証主義的な心理療法として1950年代頃より発展した。具体的にはウォルピの系統的脱感作から展開した不安障害に対する行動療法やスキナーの応用行動分析などが挙げられる。
○アーロン・ベックは精神分析を批判的に検討する中で「自動思考automatic thought」および「自動思考と感情の相互作用」という現象を発見し，そこからうつ病に対する認知療法を構築していった（1960年代～）。
○1990年代以降，基礎理論や実証性を重視し，エビデンスのある心理療法として，「認知行動療法」の名のもとに，行動療法と認知療法は統合されていった。

図２　認知行動療法（CBT）の歴史

動療法学会」と名前を変えたんです。認知療法学会も実は名称変更することが決まっていまして、「日本認知療法・認知行動療法学会」になります。もう何が何だか分からない（笑）。これらの二つの学会が統合されれば一番いいな、と私なんかは思ってしまいますが、なかなか難しいようです。

認知行動療法の現在

現状、今どういう感じかというと、まず精神科領域でかなり普通に使われるようになってきています。特に注目されているのが、難治性だったりだとか、再発を繰り返す、ないしはそもそも薬では治療できない発達障害とかパーソナリティ障害とかそのへんに結構いけるんじゃないかっていうことが注目されています。あとは精神科以外の医療でも結構使われるようになってきています。（図３）

それから産業領域、教育領域。あとで少しお話しますけれども、私自身はずっと医療のほうにいたのですが、企業にいたこともあって産業のほうにもちょっと頭を突っ込んいます。そして今、日本で最も多く認知行動療法が行われているのはどこかというと実は刑務所や少年院、そして保護観察所なんです。そういった司法

○精神科領域……うつ病や不安障害のエビデンスはほぼ確実で，特に再発予防効果の高さが知られている。難治性のうつ病，統合失調症の急性症状・陰性症状，種々の併存症，発達障害，パーソナリティ障害など，従来対応が難しいとされているケースにも，適用次第で効果が上がることが注目されている。
○医療領域……生活習慣病，心臓病患者のストレス管理，禁煙サポート，がん患者のケアなど，身体科でも注目されている。
○産業領域……予防教育。メンタルヘルス。産業カウンセリング。
○教育領域……予防教育。教育相談。発達障害のケア。
○司法領域……再犯予防のプログラム。2005年の法改正や2006年に始まった性犯罪の再犯予防プログラムから演者も司法領域と関わるようになる。
※病気や犯罪だけでなく，ストレスマネジメントに役立つツールとして幅広く活用されるようになってきている。

図３　認知行動療法（CBT）の現在

領域でのプログラムの中に認知行動療法が正式に取り入れられているんです。私自身も今定期的に保護観察所に通って、性犯罪をした人に対する再犯予防のプログラムに関わっております。

このように病気の治療や犯罪の予防のために認知行動療法は使われているのですが、実はもっと幅広く健康な方を対象としたストレスマネジメントのためのツールとして使われるようにもなってきています。

認知行動療法の基本モデル

認知行動療法の基本的なモデルはこれ（図4）に尽きます。非常にシンプルです。自分の体験、ないしはクライアントの体験をこのモデルを使って理解していく、もうこれに尽きます。このモデルはストレスのモデルでもあります。左側がストレッサー、右側がストレス反応です。その人の外側にあるその人を取り巻く世界とその人がどういうやりとりをしたのか、その人の体験を便宜上「認知」「気分・感情」「身体」「行動」に分けて、その中でどういう相互作用が起きているのかを見ていく。ご注意いただきたいのは、これが循環モデルだということです。直線的な因果関係を表したモデルではありません。

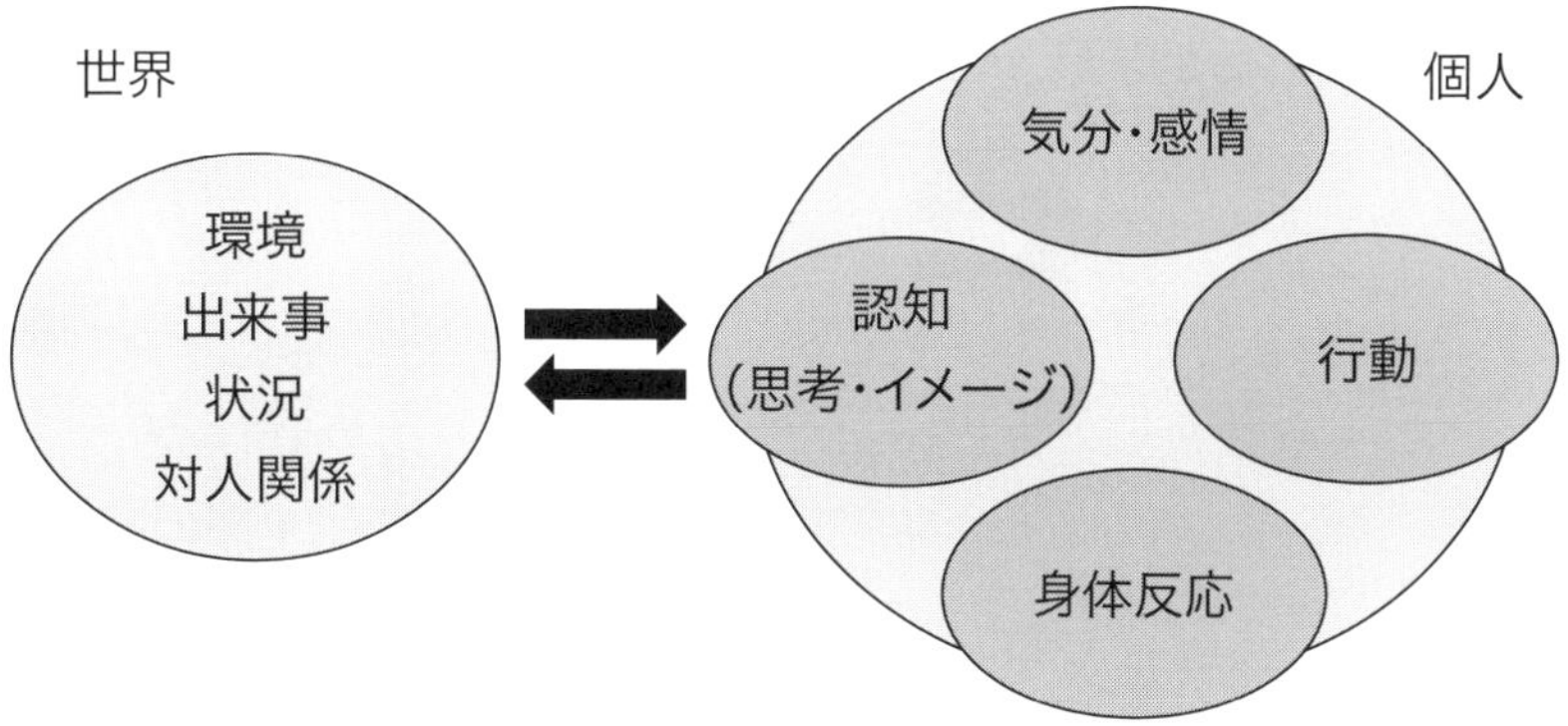

- その人を取り巻く世界と，その人の相互作用をとらえる
- その人の体験を，「認知」「気分・感情」「身体反応」「行動」の相互作用としてとらえる

図4　認知行動療法（CBT）の基本モデル

循環的にその人の体験を捉えていくというのがＣＢＴの基本です。「個人」の四つの要素について説明します。「認知」は頭の中の現象。頭の中の思考やイメージ。頭の中の現象といっても実体として思考やイメージがあるわけではないので、頭の中で起きる主観的な体験ということになります。それを認知と呼んでいます。

それから「気分・感情」は身体のどこでとははっきりとは言えないのですが、胸のあたりとかお腹のあたりで感じるもの。英語だとemotionとかfeelingとかmood。クライアントには「短い言葉で言い表せる〝気持ち〟のことを〝気分・感情〟と言います」と説明します。嬉しい、悲しい、楽しい、寂しい、むかつく、ウザイとかそういう短い言葉で言い切れる気持ちのことです。

「身体反応」は身体の生理的な反応です。胸がドキドキするとか、手足が震えるとか、熱が出るとかそういう身体の反応です。「行動」は外側から見て分かるその人の動作やふるまいです。認知行動療法ではその人の体験を便宜上この四つに分けて見ていきます。

それから階層的な認知のモデルというのがあります（図5）。一つが「自動思考」。その場、その場で瞬間的に頭

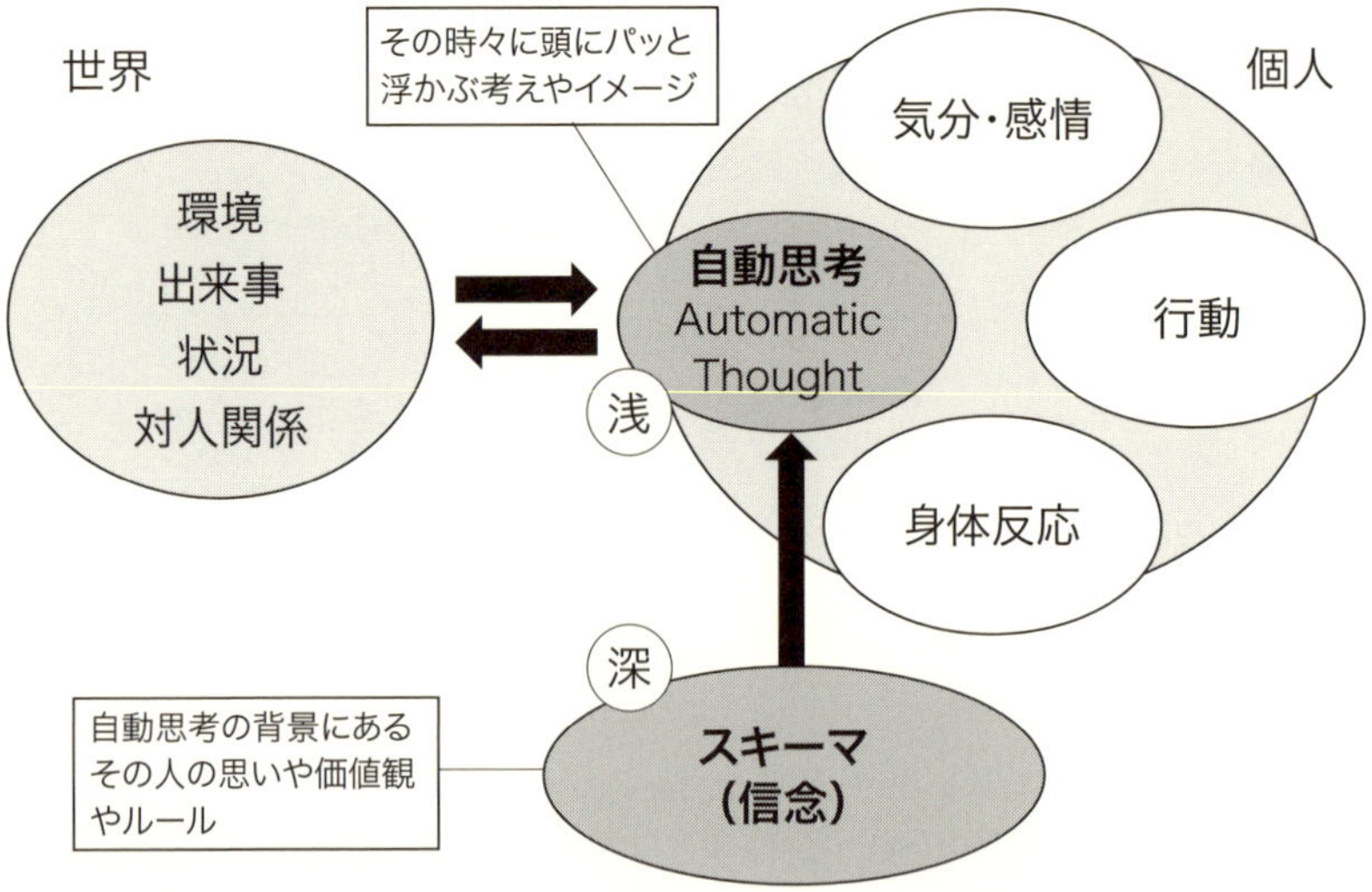

図5　階層的認知モデル

をよぎる考えやイメージのことです。英語ではAutomatic Thought。自動思考はとにかく頭をよぎっていくんです。朝から晩までさまざまな自動思考が頭をよぎり続ける。もう一つが「スキーマ」。これはもともとその人の頭の中にある深い思いのようなものです。このように、浅いレベルでピョンピョンピョンピョン飛んでいく自動思考と、もともとその人の中にある深い思いをスキーマと呼び、認知を階層的にとらえていくようなモデルです。

認知行動療法の理論と方法

認知行動療法で何をするかというと非常に単純です。まずその方の困りごとに焦点を当てる。クライアントは皆、何か解決したい問題があってセラピーにいらっしゃるので、その困りごとや問題について、CBTのモデルを使って、「何が起きているのかな」ということを一緒に理解していきます。その方の困りごとのメカニズムをCBTのモデルを使って理解することを「アセスメント」とか「ケースフォーミュレーション」と呼んだりします。（図6）

大体の困りごとでは悪循環が起きていることが多いです。

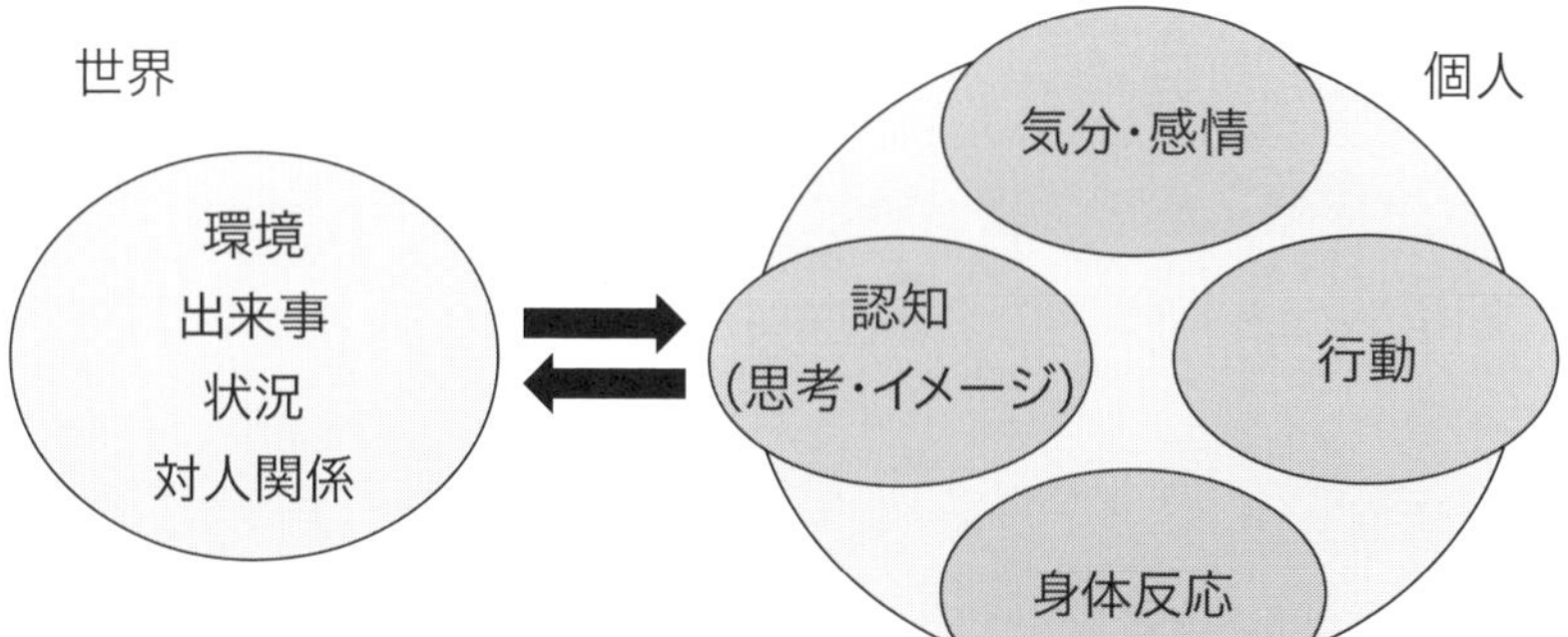

1. 主訴（困りごと）に関わる体験を，CBTの基本モデルに沿って循環的に理解する＝アセスメント。（悪循環が同定される場合が多い）
2. 認知的コーピングと行動的コーピングをあれこれ工夫するうちに，悪循環が解消される。
3. 1と2を繰り返すうちにアセスメントとコーピングの達人になる。

図6　認知行動療法（CBT）の理論と方法

ですので、大体はこの循環モデルで見ていくと、「ああ、こんなふうにグルグルしちゃってるのね、それは大変ねー」とか、「ああ、問題が起きるとこんなふうにドツボにはまっちゃうんだね」といったことを、このモデルを使って一緒に理解する、それが最初にやること。

次にその悪循環をどう解消するかを考えます。ＣＢＴの基本モデルには五つの要素がありますが、この中で直接コーピング（対処）ができるのは「認知」と「行動」だけです。自分の外側の世界を私たちは直接変えることはできません。もちろん「行動」を使って働きかけることはできますが、直接的に好きなようにすることはできません。しょうがないからひとまず置いておいて、自分の反応のほうを工夫しましょうということになるのですが、その際、「気分・感情」と「身体反応」は直接コーピングができません。

一方で、頭の中の「認知」はさっき紹介した自動思考は勝手に出てきちゃう考えですが、思っちゃったことに対して自分で思い直しをしたり、新たにイメージを作ってみるといった工夫は可能です。「行動」もそうです。今皆さんは「座る」という行動を取ってますが、「立ってください」と言われたら立つことができますよね。

つまり「認知」と「行動」はコーピングが可能なんです。重要なのは、「認知行動療法」とは呼びますが、最初から「認知」と「行動」に絞るのではなく、まずはこの五要素を全体的に見ていくことです。全体の流れや循環を見るのです。これはものすごく大事なことです。特に、またあとで述べますが、「気分・感情」を捉えることは非常に重要です。認知と感情は表裏一体です。感情の乗った認知をどう見つけていくか、というのがＣＢＴの最初のポイントになります。ですから最初から「認知」と「行動」に絞るのではなく、まず全体を見ていく。悪循環を理解する。そして悪循環を解消しようとする際にコーピングが可能な「認知」と「行動」に焦点を絞って、実際に認知的コーピングや行動的コーピングを試していく。そのうちに悪循環が解消される。

そして図６の１（悪循環の理解）と２（悪循環の解消）を繰り返すうちに、アセスメントとコーピングの達人になっていく。誰が達人になるのかというと、それはクライアント自身です。クライアント自身がＣＢＴのモデルになじみ、自分の体験をモデルを使って理解することができるようになる。そして認知と行動のコーピングを通じて自分助けが上手にできるようになっていく。ＣＢＴをやっていて実に面白いなと思うのは、クライアントたちが実に見事に仕上がっていくということです。「仕上がる」という言い方はよくないかもしれませんが、とにかくＣＢＴのプロになっていくんです。「本当に自分助けが上手になりましたね！」ということを一緒に確認して終結になるわけです。

ＣＢＴの基本原則とその進め方

認知行動療法の基本原則

もう少しだけ基本の話をして、その後具体的な話に移っていきます。認知行動療法の基本原則を六つにまとめました。一つひとつについて簡単にご紹介します。（図７）

原則１：常に基本モデルに沿って体験を理解する（図８）

一つ目、「常に基本モデルに沿って体験を理解する」。これは今申し上げた通りですが、もう一つ重要なのは、セラピスト自身もこのモデルを使って自分自身の体験をモニターし、理解するということです。セッションではいろんなことが起こりますよね。そのときにセラピスト自身も

1. 常に基本モデルに沿って体験を理解する
2. セラピストとクライアントはチームを形成し, 実証的視点から協同作業に取り組む＝実証的協同主義
3. 「今・ここ」の問題に焦点を当て, 問題を理解し, 解決を目指していく＝問題解決アプローチ
4. 心理教育を重視し, クライアント自身がセルフでCBTができるようになることを手助けし, 再発を予防する
5. ホームワークを出すことによって, 日常生活でクライアントがCBTを実践することを重視する
6. 毎回のセッション, そして初回から終結までの流れを構造化する

図７　認知行動療法の基本原則

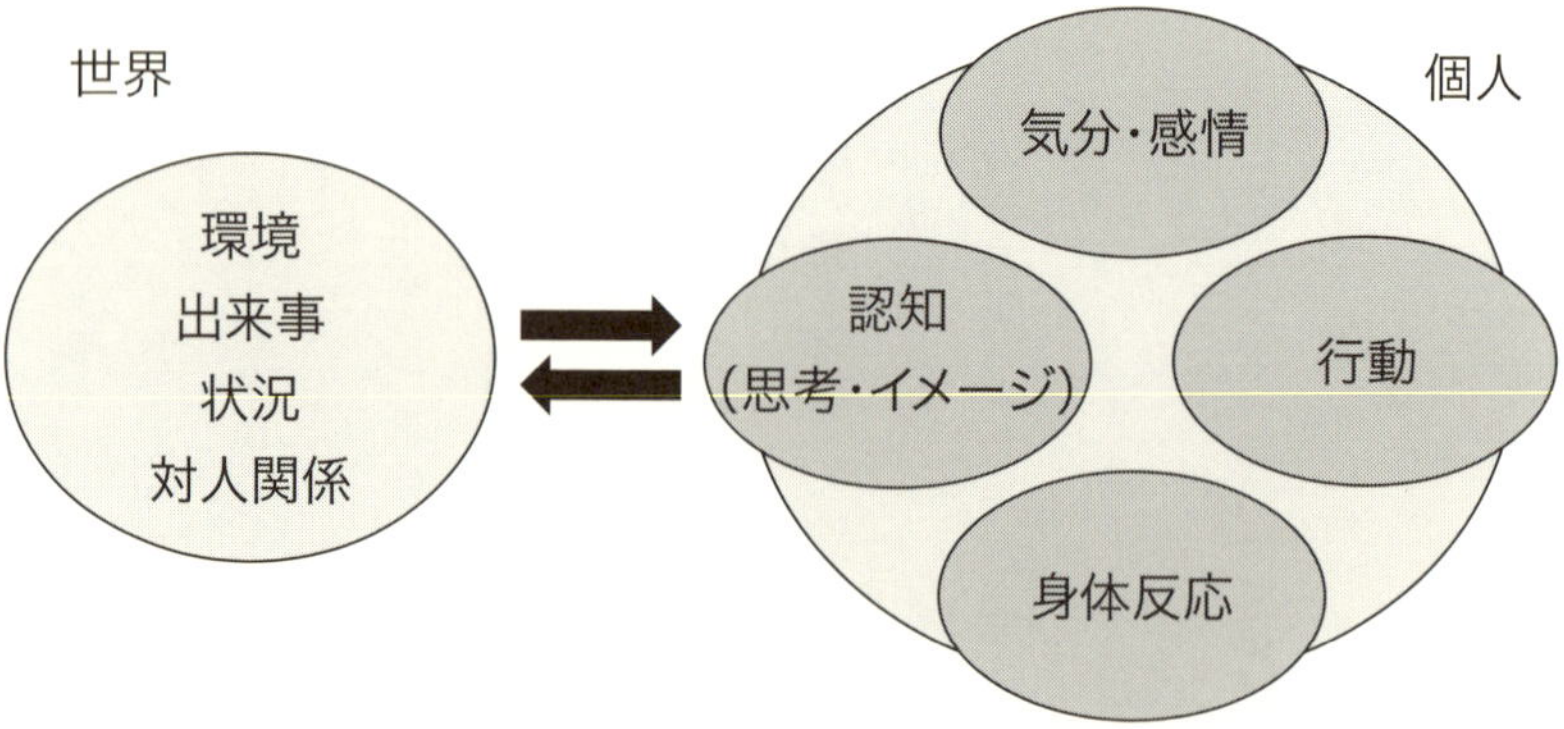

- セラピストとクライアントが一緒に理解していく作業が重要である。
- クライアントがモデルを使って自己理解できるようになる必要がある。
- セラピストも自らの反応を常にこのモデルに沿って理解する（たとえばクライアントの反応に対する自分自身の反応）。

図8　原則1：常に基本モデルに沿って体験を理解する

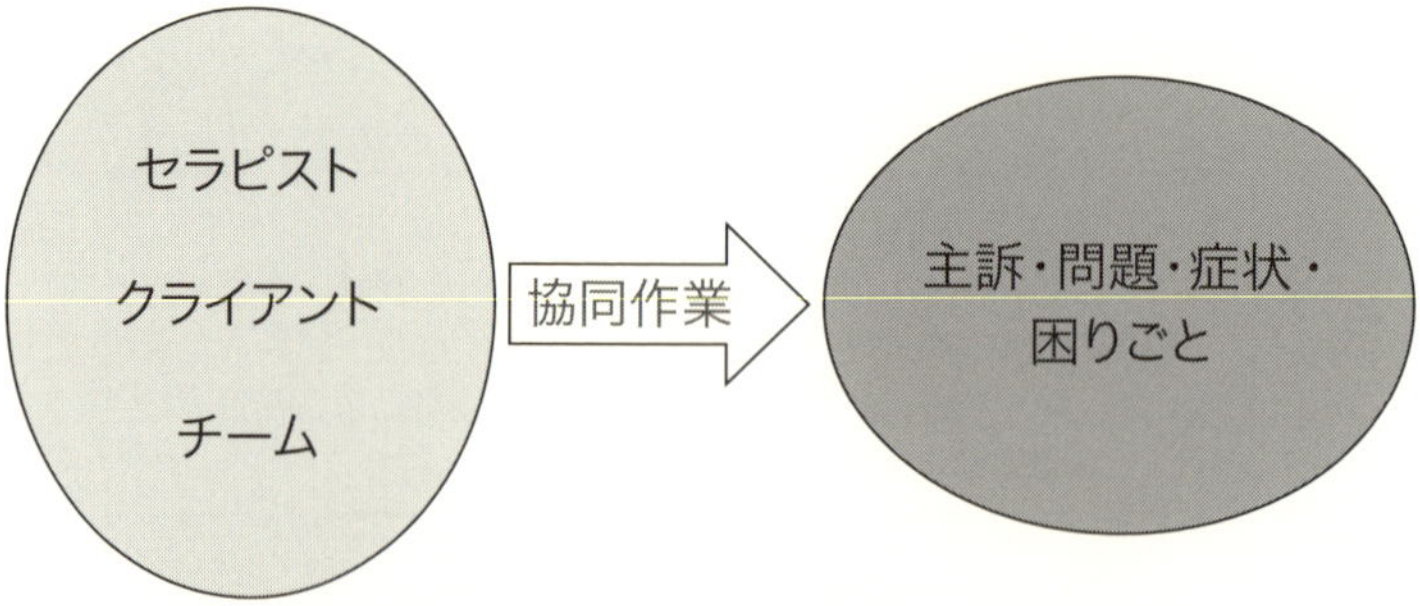

- 具体的なデータを重視する……「実証的」
- セラピストとクライアントは対等な立場にある……「協同」
- クライアントの提案やフィードバックを大切にする……「協同」

図9　原則2：セラピストとクライアントはチームを形成し，実証的視点から協同作業に取り組む＝実証的協同主義

このモデルを使って、こんな自動思考が出てきちゃった、今こんな感情が湧き上がっている、なんだか胸がドキドキしてきた、私がこの発言によってクライアントの表情が変わった……といった感じで、そこで起きていることや自分自身の反応をセラピスト自身がしっかりとモニターし続ける必要があります。

原則２：セラピストとクライアントはチームを形成し、実証的視点から協同作業に取り組む＝実証的協同主義（図９）

原則の二番目は、治療関係についてです。ＣＢＴでは「クライアントとセラピストでチームを組む」という考え方をします。問題解決のためにチームを組んで一緒に取り組んでいきましょう、チームメンバー同士で手を携えて一緒にあなたの抱える問題に向き合っていきましょう、と働きかけます。

専門的な言い方をすればこのような関係性を「実証的協同主義」、英語だと Collaborative Empiricism と言います。「実証的」というのは「データを徹底的に拾っていきましょう」「あくまでデータを見ていきましょう」という意味です。観念的にではなくデータを見ながら実証的にセラピーを進めていきます。「協同主義」すなわち「コラボレーション」というのが先ほど申し上げた「チームを作る」ということです。チームメンバー同士で、ああでもないこうでもないと話し合いながら問題解決を進めていきます。ですからＣＢＴではクライアント自身の意見やフィードバックが非常に重要です。セッションの最後にも必ずセッションに対する感想を述べてもらいます。

原則３：「今・ここ」の問題に焦点を当て、問題を理解し、解決を目指していく＝問題解決アプローチ（図10）

原則の三番目は、時間や空間に関するものです。ＣＢＴでは「今・ここ」に焦点を当てます。英語では「Here

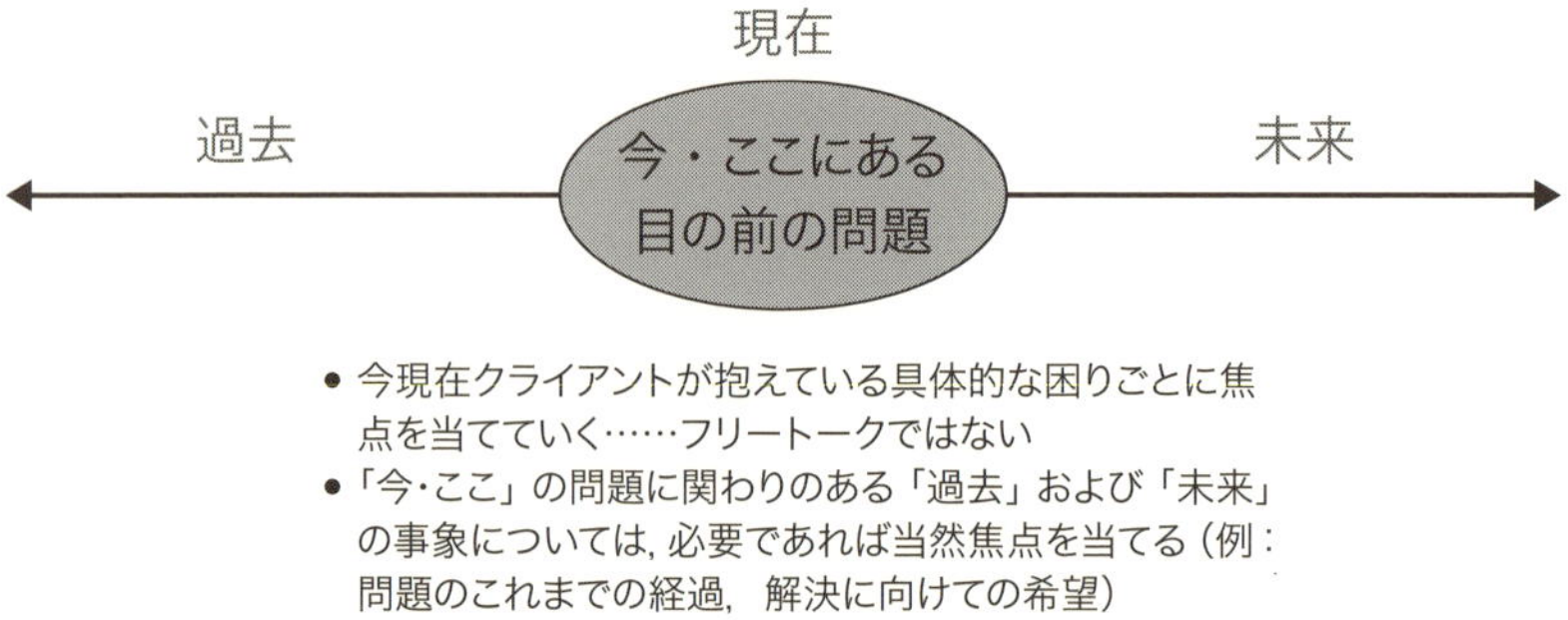
現在
過去
今・ここにある
目の前の問題
未来
● 今現在クライアントが抱えている具体的な困りごとに焦点を当てていく……フリートークではない
● 「今・ここ」の問題に関わりのある「過去」および「未来」の事象については，必要であれば当然焦点を当てる（例：問題のこれまでの経過，解決に向けての希望）

図 10　原則 3：「今・ここ」の問題に焦点を当て，問題を理解し，解決を目指していく＝問題解決アプローチ

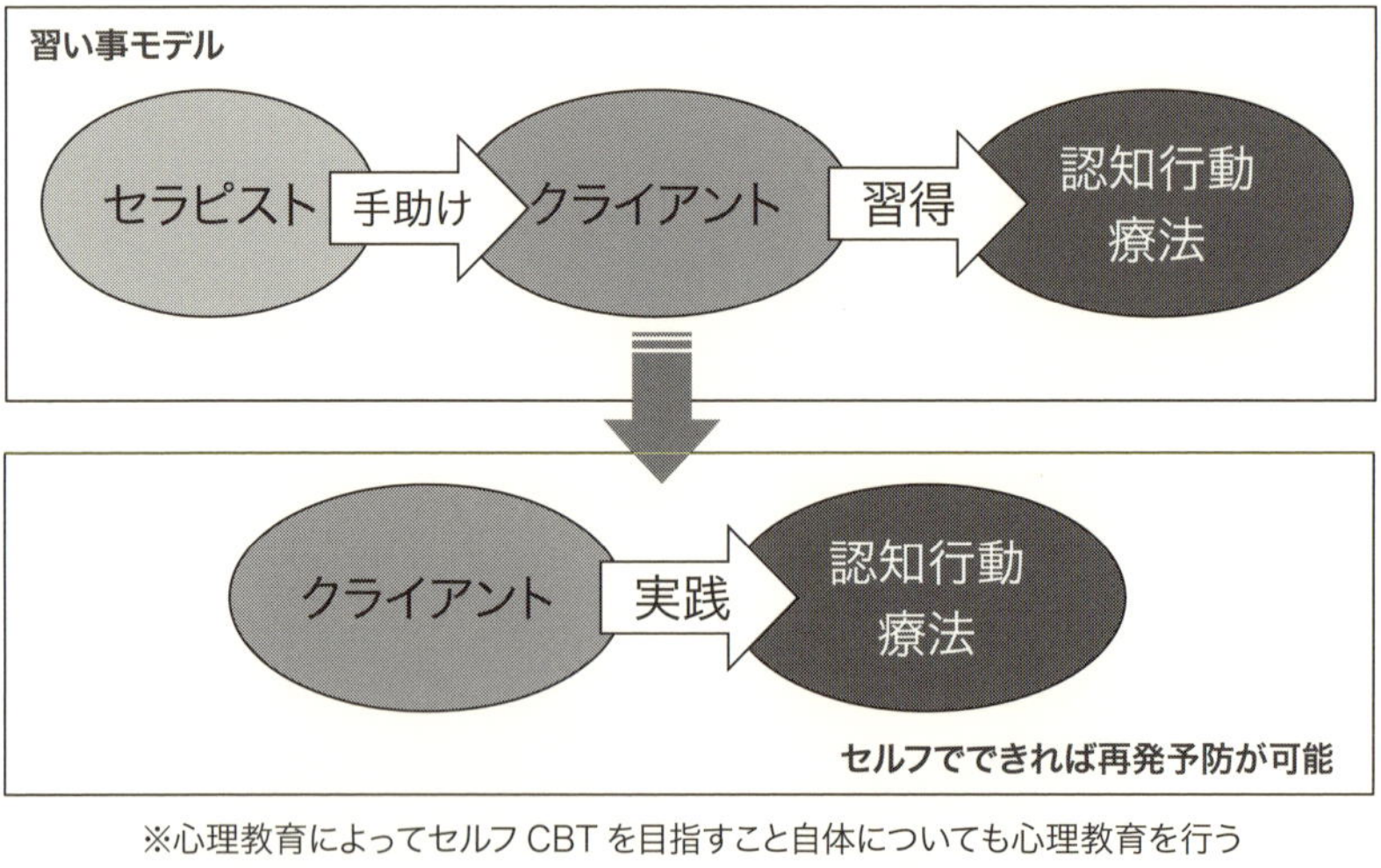
習い事モデル
セラピスト
手助け
クライアント
習得
認知行動療法
クライアント
実践
認知行動療法
セルフでできれば再発予防が可能
※心理教育によってセルフ CBT を目指すこと自体についても心理教育を行う

図 11　原則 4：心理教育を重視し，クライアント自身がセルフで CBT ができるようになることを手助けし，再発を予防する

and Now」ですね。先ほどから問題解決という言葉が出ていますが、今、目の前にある問題に焦点を当てて、その解決を図るという意味です。ここには二つポイントがありまして、一つはCBTはフリートークではないということです。問題すなわちテーマを決めてやっていくので、フリートークにはなりません。もう一つは「今・ここ」の問題だからといって過去や未来を扱わないわけではない、ということです。CBTは過去や未来の話を一切しない、という誤解を受けることがときどきあるのですが、「今・ここ」にある問題には歴史があります。その歴史を見ることは大事ですし、その問題を解決するにあたってはクライアント自身の未来への展望や希望を共有することが不可欠です。したがって「今・ここ」と言っても、問題に関わる過去や未来の話は重要です。焦点を絞って過去や未来の話をするのです。そういう意味ではあくまでも問題解決アプローチです。

原則4：心理教育を重視し、クライアント自身がセルフでCBTができるようになることを手助けし、再発を予防する（図11）

四番目は心理教育についてです。心理教育というのはCBTの専売特許でも何でもありませんが、CBTでは心理教育をめちゃくちゃ重視します。なぜなら先ほども申し上げた通り、CBTではセルフヘルプの考え方やり方をクライアント自身に学んでもらい、自分でできるようになってもらう必要があるからです。そのためにはどんどん情報提供し、どんどんいろいろなことを教えていく必要があります。そしてこのこと自体も最初に心理教育します。すなわち「CBTをあなた自身が学び、自分でできるようになるんだよ」ということを最初に伝えます。自分でできるようになるからこそ再発を防げるわけです。

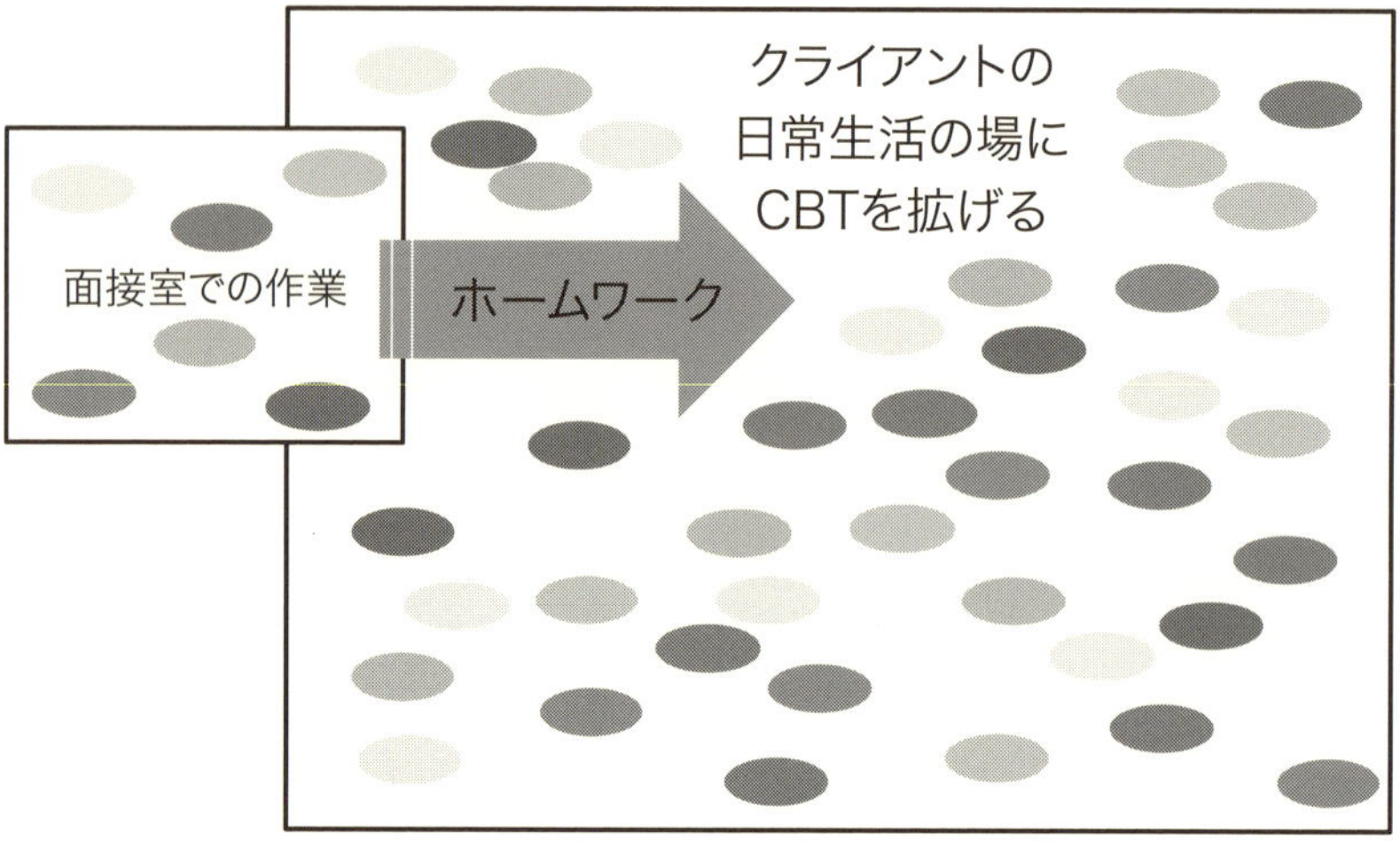
クライアントの
日常生活の場に
CBTを拡げる
面接室での作業
ホームワーク

図 12　原則５：ホームワークを出すことによって，日常生活でクライアントが CBT を実践することを重視する

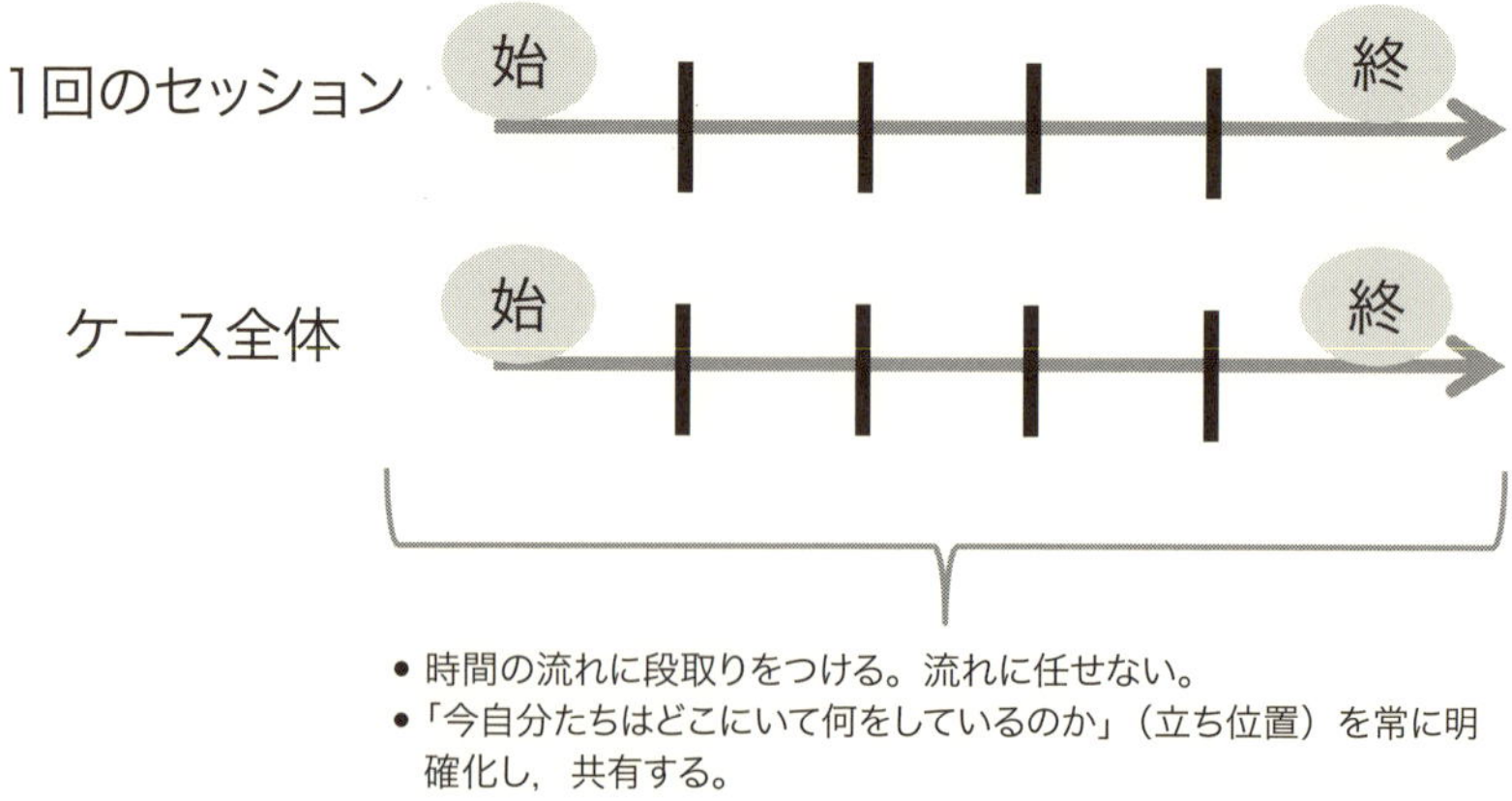
1回のセッション
始
終
ケース全体
始
終
• 時間の流れに段取りをつける。流れに任せない。
• 「今自分たちはどこにいて何をしているのか」（立ち位置）を常に明確化し，共有する。

図 13　原則６：毎回のセッション，そしてケース全体（初回から終結まで）の流れを構造化する

原則5：ホームワークを出すことによって、日常生活でクライアントがＣＢＴを実践することを重視する（図12）

五番目はホームワーク（宿題）についてです。これはＣＢＴの大きな特徴です。ＣＢＴでは必ずホームワークの課題を出します。セッションとセッションの間の一週間や二週間、場合によっては一か月の間にこういう課題に取り組みましょう、ということを毎回のセッションで具体的に設定します。何のためかというと、やはりクライアント自身にＣＢＴを身につけ、日常生活でしっかりと使ってもらいたいからです。これは自動車教習所にたとえられます。教習所に通うのは、一生教習所の中だけで運転するためではありませんよね。免許を取って一般道で安全に楽しく運転ができるようになりましょうということです。そのためには免許を取ったら、一般道で自ら運転し、運転に慣れ、運転のスキルを上げていかなければいけません。そうすれば日常生活で普通に車の運転ができ、生活の幅が広がります。ＣＢＴも全く同じです。セッションでいろいろなことを学んだり練習したりしますが、それをクライアントのその後の日常生活に般化したいのです。そのためにはホームワークが不可欠です。ホームワークの課題設定を通じて生活の場でＣＢＴを実践してもらうことに慣れていただきます。

原則6：毎回のセッション、そしてケース全体（初回から終結まで）の流れを構造化する（図13）

六番目は「構造化」についてです。構造化とは時間の使い方に関することです。ＣＢＴでは時間の流れに段取りをつけます。自然な流れに任せません。一回のセッションも、ケース全体の流れも、計画を立てて段取りをつけていきます。それを「構造化」と呼んでいます。一回のセッションは三〇分のときもあれば、五〇分のときもあるでしょう。二時間のセッションもあります。いずれにせよ限られた時間を大事に使うために、そのセッションの「目次」のようなものを決めて、その目次に沿って進めていきます。そのためには時計が重要です。ちょっと強迫的ぐらいに時計を見ながら進めます。私は対面でセッションをするのですが、机の上に、クライアントと私が一緒に見られるように置時計があります。壁の上のほうにも時計があります。私から見えるところに一個時計があり、クライアントから見えるところにもう一個時計があります。どこを見ても時間がわかるようになっています。

そしてケース全体、すなわち初回から終結までセッションを何回行うかというのはケースバイケースですが、いずれにせよ全体の流れは決まっていて、「自分たちは今、全体の流れの中のどこにいるか」ということを確認しながら進めていきます。全体の流れを見通しつつ、その都度自分たちの「立ち位置」を確認するのです。

事例紹介（CBTの進め方の実際）

インテークや初期段階でのCBTの心理教育（図14）

それではCBTの進め方について、事例も含めてもう少し具体的に説明していきます。まずインテーク面接やCBTの初期段階では、そもそも認知行動療法は何かということを何度もしつこく説明します。インテーク面接の段階からCBTの基本モデルを示して、「CBTとは

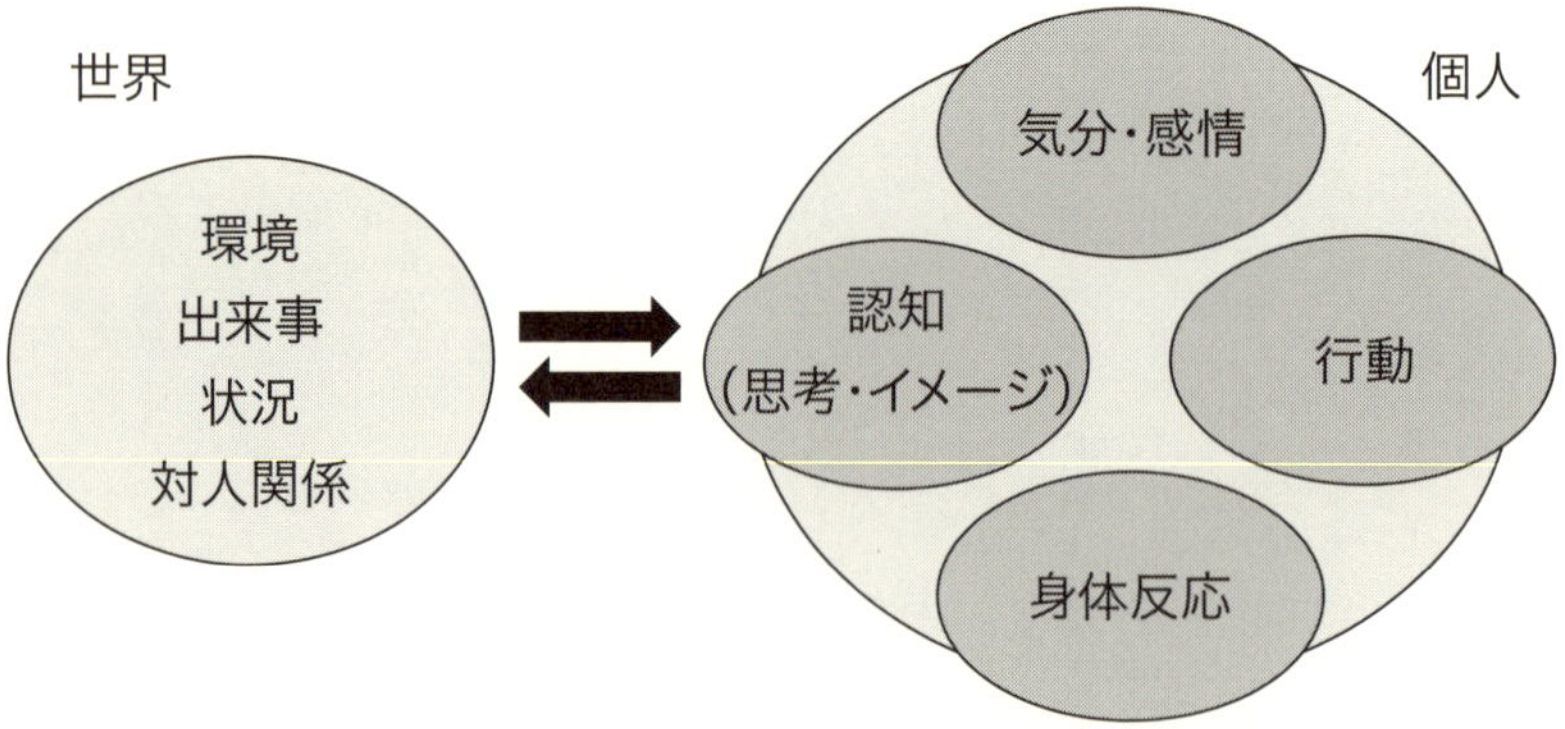

1. モデルを示す。認知＝頭の中の現象。舌打ちの例。
2. なぜ「認知行動療法」と呼ぶのかについて説明する。
3. 認知や行動を「変える」のではなく，「気づいて」「工夫する」ことが目的であることを伝える。
4. そのためには「セルフモニタリング」が超重要であると解説。

図 14　インテークや初期段階での CBT の心理教育

こういうものです」ということを伝えていきます。モデルの中でも行動は説明しやすいのですが、認知については少し工夫が必要です。私たちはふだん「認知」という言葉はあまり使いませんから。

認知についてはこんな風に説明します。「〝認知〟というのは頭の中の現象なんだけど」と前置きして、「たとえば、道で知らない人とすれ違った時、すれ違いざまにチッ！て舌打ちをされたとします。これはこのモデルで言うと自分の外側の〝世界〟〝環境〟〝出来事〟ということになりますね」と切り出します。とてもシンプルな例です。「こんなふうにすれ違いざまに舌打ちされたら、どんなことがあなたの頭に浮かびそうですか？」と質問すると、「え！　何？　怖い！」とか「えー、この人誰？　何やってんの？」とか「なんだこの野郎！」とか皆さん口々に答えてくれます。そこですかさず「それを自動思考と呼びます。瞬間的に頭に浮かぶ考えやイメージです。自動思考は認知の一部です」と伝え、さらに「『え！　何？　怖い！』といった自動思考が出たらどんな気分になりそう？」とか「体にはどんな反応が出そう？」などと聞くと、「やっぱり怖いし不安になる」とか「ビクッとする」「胸がドキドキする」とか答えてくれます。「〝怖い〟〝不安〟というのは気分・感情だし、〝ビクッとする〟とか〝胸がドキドキする〟というのは身体反応ですよね」と伝え、さらに「そのときにどういうふうに振る舞う？」と訊けば、「怖いからなるべく早歩きして関わらないようにする」とか「怖いけどその人の顔を見てどういうことなのか確認する」とか、自分の取りそうな行動を教えてくれます。こうやってちょっとした例を使えば簡単にモデルについて伝えることができます。

次に「認知行動療法」というネーミングの意味について説明します。皆さんにはさきほどお伝えした通りです。最初は認知と行動に限らず全てを見ていくのですが、最終的にはコーピングが可能な認知と行動に焦点を絞ってあれこれ工夫していくからこそ「認知行動療法」という名前がついているとお伝えします。

その際「認知を変える」「行動を変える」という言い方はほとんどしません。特に自動思考というのは勝手に出てきちゃう考えやイメージ。出てきちゃったものはしょうがないですよね。引っ込めるわけにもいきませんし。重要なのは「変える」ことではなく、「気づく」こと、そして必要であれば気づいたあとに「工夫する」こと。気づいて工夫すればいいんです。古典的な認知療法の本を読むと「歪んだ認知を修正する」といった書き方がされていますが、普段私たちはそういう言い方は一切しません。自分の認知が「歪んでいる」と言われていい気分がする人はいないでしょう。まずは気づくことができればいいんです。気づいたうえで、その認知が悪さをしている、その自動思考は自分にとって役に立たないということであれば工夫をして新たな認知を手に入れればいいのです。

ですからCBTの初期段階では何が重要かというと、気づき、言い換えればモニタリングです。クライアントにはモニタリングの練習を徹底して行ってもらいます。自分にとって何がストレッサーとなっているのか、どんな自動思考が頭に浮かんだのか、それによってどんな気分・感情になったのか、身体にはどんな反応が出ているか、その結果どのような行動を取ったのか、その行動によってストレッサーはどのように変化したのか……といったことをきめ細かくモニターするのです。これがすなわち「気づき」ですね。気づくことができて初めて工夫ができる。気づけなければ工夫のしようもない。気づきのないところで闇雲に工夫をしてもあまり意味がない。というわけでいかにモニタリングが重要かということを繰り返しクライアントに伝え、練習をしてもらいます。

クライアントの中には、「何とか早く問題を解決したい」「とにかく何かアドバイスが欲しい」とあせってソリューションを求めてくる人がいますが、その場合はちょっと落ち着いてもらいます。いきなりソリューションを探すのではなく、まずはモニターできるようになりましょう、と。CBTの前半のアセスメントの段階でまず重要なのはモニタリングなんです。なかでも自動思考に気づけるようになることは非常に重要です。

アセスメントでの「自動思考」のセルフモニタリング（図15）

ですから自動思考、特に生々しい形で出て来る自動思考をそのままつかむ、そういう練習から始めます。セッション中にクライアントが自動思考を丸出しにしてくれると、「あ、それそれ」「それが自動思考だよね」という感じで共有しやすくなります。すかさず自動思考について心理教育をして「こんなふうに自動思考に気づけるようになりましょう」と促せばいいのです。そしてホームワークで自動思考に気づいたり、気づいた自動思考をメモする、といった課題を出します。

もちろん全ての自動思考をメモしようとしたら生活が破たんしますので、モニターは常に心がけつつ、「今日一番面白かった自動思考を一つメモする」とか「今日一番ストレスに感じた自動思考を一行メモしてくる」といった課題にして、メモしてきてもらいます。

自動思考は単体で重要なのではありません。重要なのは、その自動思考と分かち難く結びついている気分・感情や身体反応など、他の要素との関連性への気づきです。そのためにも生々しく自分に生じる自動思考をそのままつかむことが必要です。感情が乗った自動思考、身体の反応とともに生じる自動思考、行動を突き動かすような自動思考、それをつかまえ、モデルで整理することで、「あ、こんなことが私の中に起きてるんだ！」「へえ、ドツボにはまるときの私ってこんなことになっているのね」という感じで「グッとくるアセスメント」が可能になります。アセスメントは「グッとくる」必要があります。

クライアントの中にはこういったことがすぐにできるようになる人

- ○リアルタイムで生じる生々しい「自動思考（AT）」をつかまえる練習から始める。
- ○セッション中の発言をすかさずつかまえてATと関連づける。
- ○ホームワークでATをキャッチしてメモしてきてもらう。
- ○状況とATとの関連性，ATと他の反応の関連性に目を向けてもらう（相互作用モデル）。
- ○ATのモニターができて初めて「ぐっとくるアセスメント」が可能になる。「ぐっとくるアセスメント」ができて初めてCBTは先に進められる。
- ○すんなりいける人といけない人がいる。後者の場合は粘り強く取り組む。それでも難しければマインドフルネスのトレーニングを行うことが多い。

図 15　アセスメントでの「自動思考」のセルフモニタリング

と、なかなか難しい人がいます。特に自分の内的な体験を抑えて生きてきた人は、そんなに簡単にモニターできるようにはなりません。だって自分の中の生々しい自動思考や感情を見ないようにして生きてきたわけですから。「見ないようにする」というコーピングを使って生きてきたのですから、簡単にはできるようにはなりません。特にセラピーで扱う主訴はその人にとってネガティブなことであるので、よりアクセスするのが難しかったりします。その場合はあとで少し紹介しますが、主訴から離れてマインドフルネスのトレーニングをして、とにかく自分の体験にアクセスできるようになってもらいます。自分の体験にアクセスしても怖くはないんだ、大丈夫なんだ、ということを実感してもらいます。マインドフルネスのワークではレーズンなどニュートラルな刺激を使います。ニュートラルな刺激に対する自分自身の体験に触れられるようになること、触れても大丈夫なんだと感じられるようになること、それらを経て改めて主訴に関わる体験をモニターするようにするとわりあいうまくいきます。

一つ事例を紹介します。これは私がいろいろなところで紹介するお気に入りの事例です。個人が特定できないような形でご紹介します。クライアントは五〇代の男性で、当機関にどうして来たのかというと、奥さんからの「指令」です。彼は妻から三択を突きつけられた。「離婚してください」「嫌だ」「だったらお酒を止めてください」「嫌だ」「だったら認知行動療法を受けてください」ということで、離婚も断酒も嫌、だったらよくわからないけど認知行動療法を受けるしかない、ということでいらっしゃいました。

一同：（笑）

伊藤：要はアルコール依存症の人で、奥さんはもうほとほと嫌になっちゃったんですね。それで奥さんが何かで調べて認知行動療法が役に立つかもしれない、認知行動療法を受けなければ私はもうあなたとは絶対に別れます、ということになったんです。

ですからこの方自身にはＣＢＴに対するモチベーションは全くありませんでした。というか、最初に取引をもちかけられました。「ここに通っているということにしておいてくれないか」と。もちろん断ります。嘘はつけませんから。そこで彼は困ってしまった。でも離婚も断酒も嫌となると、モチベーションはないけれどもCBTを受けにここに通うしかないのです。

そしてせっかく通うのであれば、単なるおしゃべりではなく、CBTを通じて何かできるよいいよね、という話になりました。そして酒をやめるかどうかはとりあえず置いておくことにしました。後で紹介しますが彼の論理は「妻がごちゃごちゃうるさいから酒の量が増えるんだ」というものでした。「好きな酒をなんでやめなきゃならないのだ」という思いもありました。私は彼の主治医でもなんでもありませんから、彼に対して「酒をやめなさい」という立場ではありません。また夫婦関係に立ち入る立場でもありません。だから離婚したほうがいいか悪いかの判断もしません。では彼と私で何ができるかというと、私たちのあいだでは、彼の困りごとが一つだけ共有できたのです。それは「酒をめぐっての夫婦のいさかい」でした。彼にしてみると酒のことで困っているのではなく、「酒にうるさい妻」について困っているのです。そのせいでCBTまで受けさせられているのですから。

なので、私は彼に対し「あなたが酒をやめるとか離婚するとかそういうことは置いておいて、ひとまず〝お酒をめぐる奥さんとのトラブル〟について、CBTのモデルを使ってそのメカニズムを一緒に理解してみませんか」と提案しました。何かを変えるためのCBTではなく理解するためのCBT。つまりアセスメント目的のCBT。困っていることのメカニズムを理解して、そのうえでどうするか考えればよい。アセスメントの結果、「あなたの奥さんって口うるさいわね」ということになるかもしれないし、「確かに少しお酒の飲み方を変えた方がいいかもしれない」ということになるかもしれないし、「何の問題もないからこのままの調子で飲み続ければよい」ということになるかもしれないし、それはわからないけれども、お酒をめぐって奥さんとの間にどういうことが起きているかということをCBTのモデルを使って一緒に研究しましょうよ、と。彼はそれには乗ってきてくれました。

彼のように「誰かに勧められて」という形で来談する方の場合、モチベーションはそんなに高くありません。変化に対する動機づけがあまり高くない人には、「変わりましょう」「良い方向に変えるためにCBTをやりましょう」という持っていき方は役に立ちません。「変える」「変わる」に対して「それは現状が駄目だということだ」「今の自分のままでは駄目なんだ」を捉えてしまう人がいます。そこには不安があると思うのですが、とにかくそういう人には「変わるためのCBT」ではなく「理解するためのCBT」を提案します。それだとプレッシャーが軽くなります。

そういうわけでこの事例の場合も、アセスメント目的で、まずお酒をめぐって奥さんとトラブルになったときの状況、自動思考、気分・感情、身体反応、行動とモニターしてくるというホームワーク課題を出しました。しかしこれが難しかったんです。セッションで自動思考や気分・感情について説明すると理解はできるんです。知的に理解できない人ではないんです。しかし宿題でモニターをお願いすると、最初は「自動思考はなかった」「気分・感情も特になかった」と報告し、とにかく「妻の態度が悪いから俺は酒を飲んでやってるんだ」という言い草でした。

ただそこをしつこく聞いていくと、「確かに喧嘩して妻が二階に上がったとき、頭にカッと血が上るような感じはしました」と教えてくれます。「だから酒を飲んで叫んでやったんだ」と。この夫婦は一階のリビングで喧嘩をします。そして堪りかねた妻が大体はリビングを飛び出して大きな音を立てて階段を駆け上り二階に行っちゃうんです。そして彼はその後大酒を飲み、二階に向かって叫ぶというのが定番でした。このときの彼の体験の仕方は、「妻がそんなだから頭にカッと血が上って酒を飲んでやった」「そのときに自動思考は特になかったし、気分・感情もこれというほどのものはなかった」という感じでしょう。

そこで気を取り直して心理教育を行います。すると彼は「あ、そうだった、自動思考というのは四六時中出ているものだった」と気づきますし、「奥さんが部屋を飛び出して、あなたはゆったりと落ち着いた気分だったのですか？」と問えば「いや、そうではない」と答えられます。そこで再度「お酒を巡って夫婦でトラブルがあったときの自分の反応をモニターしてきてね！」と課題設定をして彼を送り出しました。

こういうことを根気強く続けます。「自動思考はなかった」「気分はなかった」との報告、セッションでの心理教育とワークの繰り返しです。しかしこれを繰り返すうちに、彼の場合は気分・感情のほうを先につかまえられるようになりました（図16）。喧嘩の最中や直後に「今の俺は落ち着いているか？　いや、違うな。そうじゃないとしたらこれはどんな気分なんだ？」というふうに自問してくれて、やっと「怒り」や「イライラ」といった気分・感情に気づき、報告してくれるようになりました。しかし依然として自動思考は「ない」。「おいおい、自動思考はいつだってあるもんだよね。次の喧嘩のときには絶対に見つけてきてね！」と彼を励まします。自動思考がつかまえられないままだと、彼の体験は「妻がうるさいからイライラして頭に血が上る。だから酒を飲んでやった」というところに留まり続けます。

しかし根気強くこのようなことを繰り返していると、必ずこういう日が来ます（図17）。この夫婦はしょっちゅう喧嘩をするのでネタには事欠きません。ある日また喧嘩をして奥さんが怒って二階に行っ

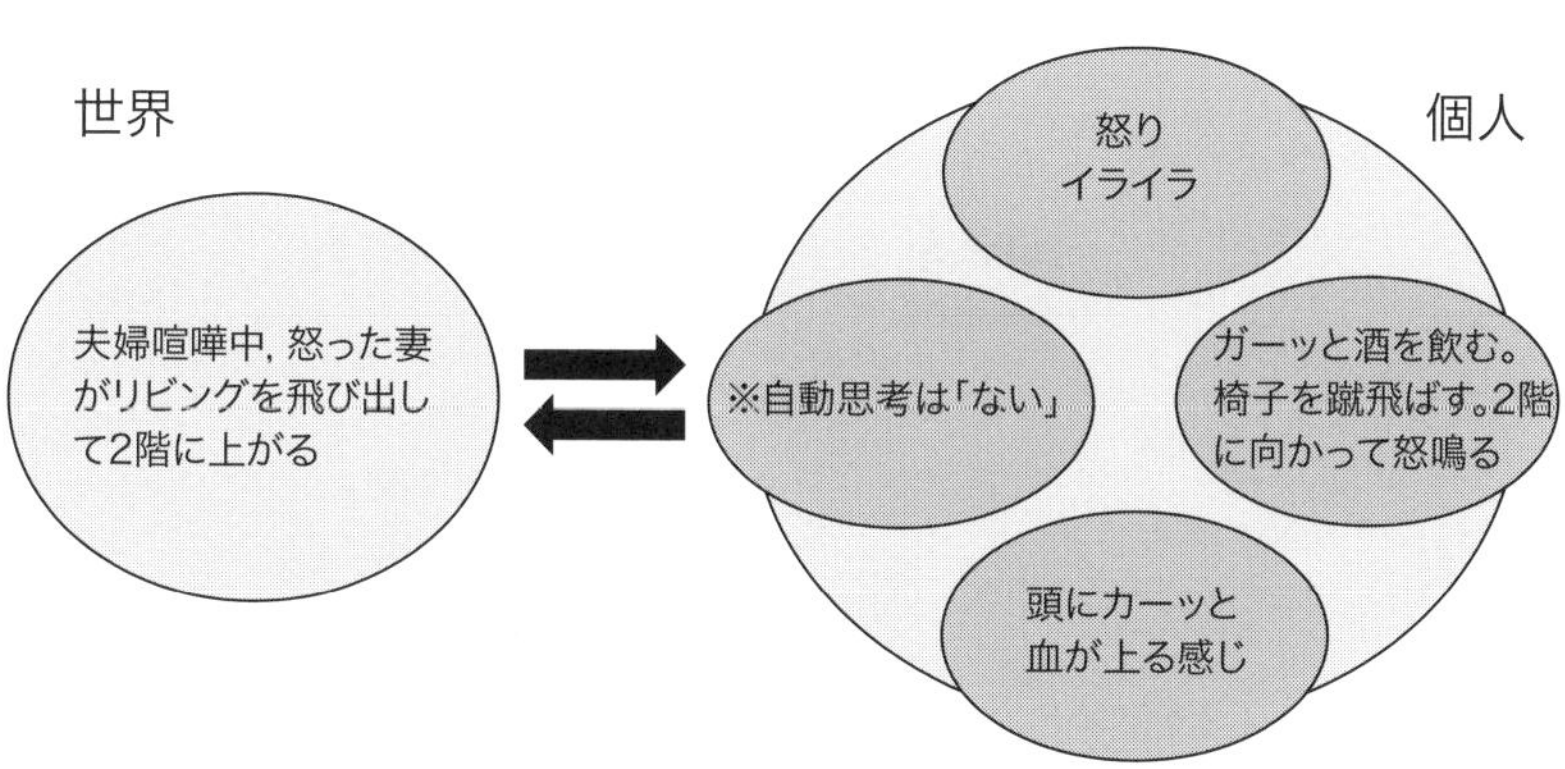
世界
個人
夫婦喧嘩中，怒った妻がリビングを飛び出して2階に上がる
怒り
イライラ
※自動思考は「ない」
ガーッと酒を飲む。椅子を蹴飛ばす。2階に向かって怒鳴る
頭にカーッと血が上る感じ

図16　アセスメントでのATのセルフモニタリング

ちゃったときに、彼はまずこの自動思考に気づいたのだそうです。「やばい！　ここで自動思考をつかまえておかないと、あそこでまたしつこく伊藤先生に訊かれるぞ！」。

一同：（笑）

伊藤：そしてその時、「あ！　これが自動思考だ！　自動思考をその場でつかまえるということはこういうことだったのか！」と気づき、自動思考をささっと巻き戻して、奥さんが部屋を飛び出た時の自動思考を見事につかまえたのです。それは「ふざけんな！」「俺の酒にケチをつけるな！」というものでした。そこで怒りやイライラがわき、頭にカーッと血が上り、ここには書いてありませんが、「だったらもっと飲んでやる」という自動思考と共に彼は酒を飲むのです。

自動思考をモニターできることはものすごーく重要です。モニターできていないときの彼にお酒を飲ませているのは奥さんでした。「妻がこうだから俺は飲む」「妻がこうだからイライラして俺は酒を飲む」といった感じ。そういう体験になってしまうんです。それが自動思考をつかまえられるようになると、もちろんそれは妻の言動に対する反応ではあるのですが、妻の言動に対して沸き起こった自分自身の自動思考が酒を飲ませていることに彼はここで気がつきました。だって夫婦喧嘩をした後の夫が全員酒を飲む

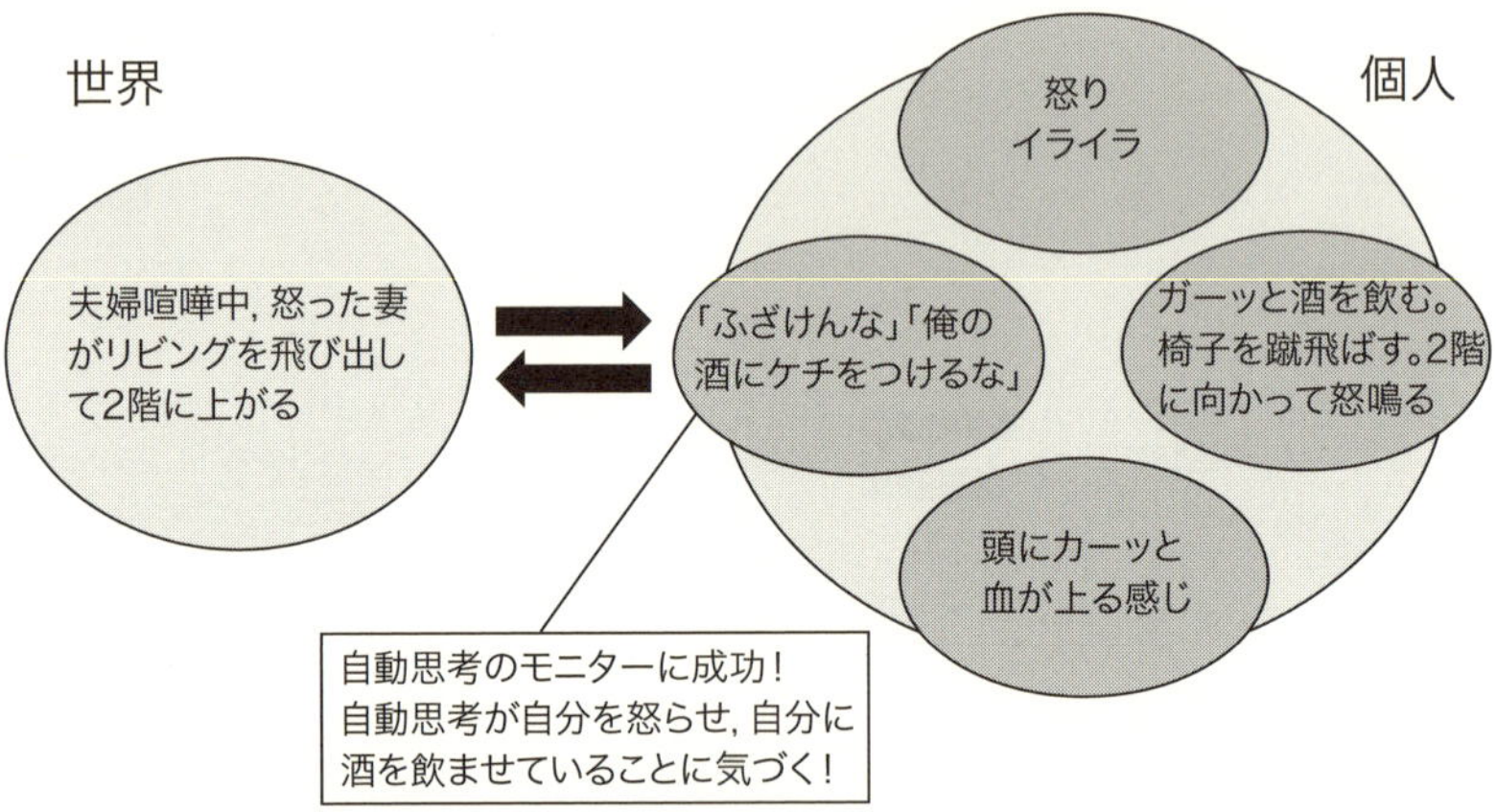

世界
個人
夫婦喧嘩中，怒った妻がリビングを飛び出して2階に上がる
怒り
イライラ
「ふざけんな」「俺の酒にケチをつけるな」
ガーッと酒を飲む。椅子を蹴飛ばす。2階に向かって怒鳴る
頭にカーッと血が上る感じ
自動思考のモニターに成功！
自動思考が自分を怒らせ，自分に酒を飲ませていることに気づく！

図17　アセスメントでのATのセルフモニタリング

わけではありませんよね。自動思考に気づくことによって、妻がこうだから酒を飲むではなく、妻のこういう言動に対してこういう自動思考が出て来たので酒を飲む、というふうに体験のあり様が変化しました。これがすごく重要なんです。

感情の乗った「ホットな認知」への気づきが重要！

ところで感情の乗った生々しい自動思考やイメージのことを「ホットな認知」と言います。自動思考のモニターのなかでも、特にこのホットな認知をつかまえられるようになることが重要です。これは認知療法の提唱者アーロン・ベックが最初から強調していることです。いかに感情の乗った認知に気づき、モニターすることが重要か、ということをベックはずっと言っています。

ですからセッション中にクライアントの感情が動いてホットな自動思考が出てきたら、それはネタとして一番扱いやすいです。その場ですぐに共有できますから。それからもう一つは、やはり日常生活の中で自分の気分・感情が強く、大きく動いたときの自動思考にしっかりと気づけるようになること。もうこれに尽きます。言い換えればこれができるようになるまではＣＢＴは先に進められません。その場合これができるようになるまで練習を続けてもらいます。このケースもそうでした。

彼はさきほどの体験で「自動思考をその場でつかむ」ことがどういうことか、はっきりと理解しました。そしてこのケースの面白いところは、彼が自動思考をリアルタイムでモニターするという課題をいたく気に入り、最終的には趣味みたいになっちゃったんです。彼の言い方だと「もう一人の自分を見る感じ」とのことで、「へー、こんな自動思考が俺の中から出て来た！」「わー、ここでこの自動思考が出て来るのか！」といった感じで、自動思考に気づくのが面白くなっちゃんですね。それでお酒や夫婦といった従来のテーマ以外の場面でも自動思考をモニターし、それをセッションで報告するということを楽しんで続けていました。セッションが自動思考の

「発表会」みたいになっちゃったんです。

彼自身が「発表」という言葉を使っていました。「今週の僕の自動思考を発表させてください」と言って，いろいろな場面で気づきメモしてきた自動思考を発表してくれるんです。もちろんお酒をめぐる夫婦のあれこれについてもモニターを続けてもらい，それも「発表」してもらっていました。

そんな感じで自動思考や気分・感情をモニターし続けるうちに，彼のモニターのスキルがどんどん上がっていきました。そして新たな気づきがありました（図18）。状況としては，彼が台所で自分で自分のお酒を作っている。焼酎の水割りか何か。それを妻が見ている。その見方は「ちら見」です。腕組みをしてにらんでいるとかそういうことではなく，妻はたまたまそこを通りかかってちらりと夫を見ただけです。なのに彼の自動思考は「見張られている」「何か言われるのかなあ」というものでした。実際に奥さんはここでは何も言いませんでした。無言で通り過ぎただけでした。しかし彼の頭には「見張られている」「何か言われるのかなあ」という自動思考が生じ，気分・感情としては緊張感とか後ろめたさとか不安感が出てきて，身体的には軽く動悸がしてくるのと同時に，頭部に緊張感を感じたとのことでした。具体的には「後頭部です。頭のこの辺」と

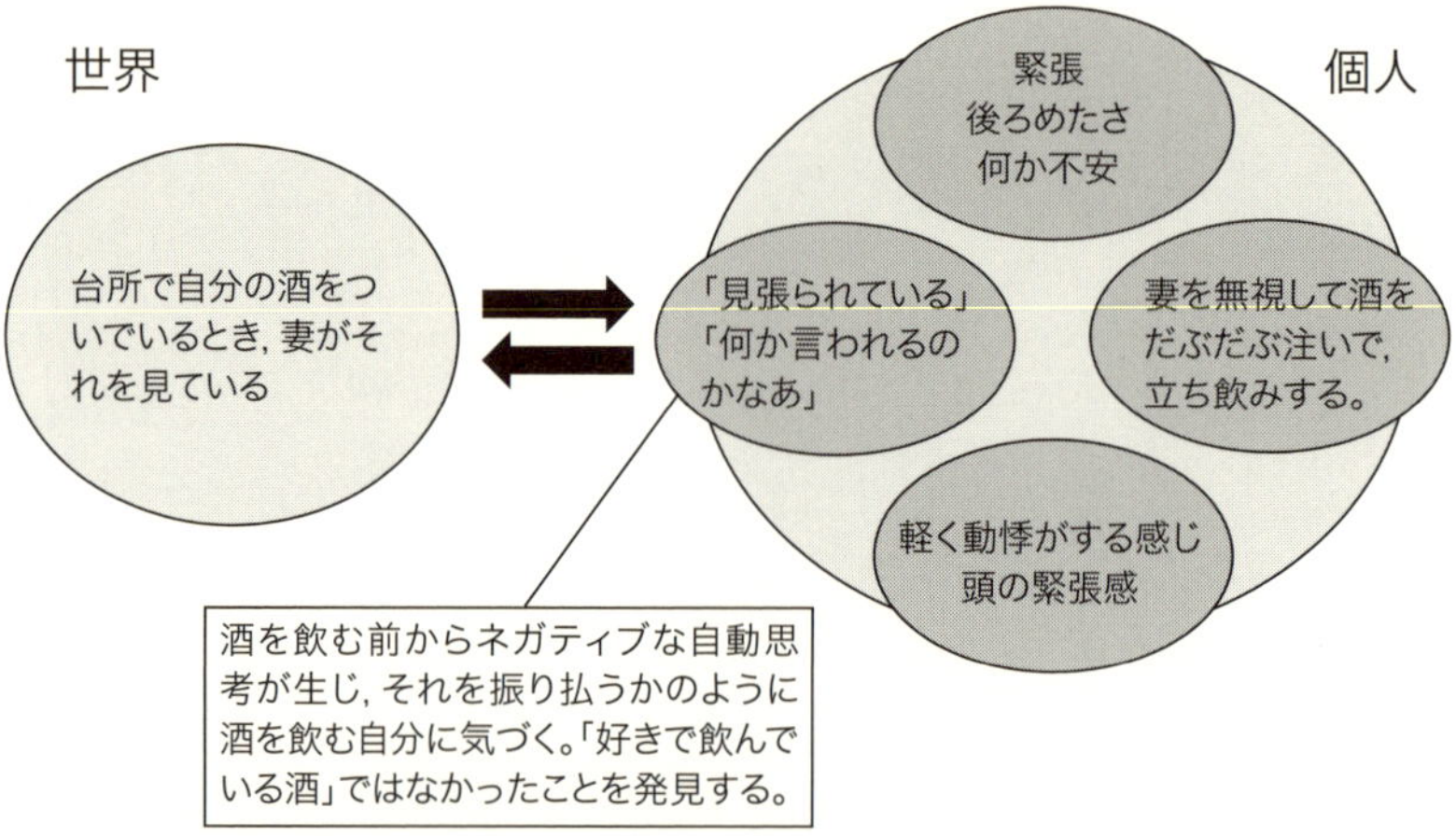
世界
個人
台所で自分の酒をついでいるとき，妻がそれを見ている
緊張
後ろめたさ
何か不安
「見張られている」
「何か言われるのかなあ」
妻を無視して酒をだぶだぶ注いで，立ち飲みする。
軽く動悸がする感じ
頭の緊張感
酒を飲む前からネガティブな自動思考が生じ，それを振り払うかのように酒を飲む自分に気づく。「好きで飲んでいる酒」ではなかったことを発見する。

図 18　アセスメントでの AT のセルフモニタリング

彼は自分の後頭部を指差して教えてくれました。彼のモニターがきめ細かくなっているのがわかりますよね。そこはかとない身体の感覚や気分・感情をきめ細かく捉えられるようになっています。

そしてここには書いていませんが、このあともう一つ自動思考が出てきています。「だったら言われる前に飲んでやる！　俺の酒に文句なんか言わせねえ！」的な自動思考。そして彼は妻を無視して、酒をだぶだぶ注いで、水で割らずにそのまま立ち飲みをするわけです。当初は水で割るはずだったのに。

この体験をモニターし、私と一緒にアセスメントするなかで、彼には気づきがありました。「好きで飲んでいるお酒」のはずだったのに、この酒の飲み方はおかしい。楽しそうに飲んでいない。「あれ？　好きで飲んでいる酒とそうじゃない酒があるのではないか？」という気づきです。図18の場合、状況的にはほとんど何もなかったのに（夫婦喧嘩はしていない）、自ら生じたネガティブな自動思考や気分・感情に巻き込まれてがぶ飲みしているわけです。しかもこの日はこんな風ながぶ飲みを続けたので、翌日はひどく二日酔いで苦しんだのだそうです。彼はこの一件で「好きで飲んでいる以外の酒もある。そうだ！　それもモニターしてみよう」ということになり、もともと几帳面な人なのでしょう、お酒の計量を始めました。そして二日酔いにもならず楽しく飲めた量と、「ちょっとこれは余計だったな」という量を計るようになり、そうやって計ると自分の適量がよくわかり……という感じで、自然とお酒の量が減ってきました。「好きで飲む酒だけを飲もう」ということになったのです。そして本当にそういう飲み方ができるようになっていきました。

CBTおよびスキーマ療法の基本モデル（図19）

このケースは本当に本人に都合よく運んでしまいました。お酒をコントロールして飲めるようになりました。それができると夫婦関係も改善されました。奥さんは彼のお酒の飲み方が嫌だったんです。そして飲み方を指摘すると激昂する彼が嫌だったんです。しかしそういうことがなくなったので夫婦の関係も落ち着いてきました。結局離婚はしませんでした。しかも彼はいやいや始めた認知行動療法が趣味になってしまったんです！　特に自動思考のモニターと記録とセッションでの「発表会」が。主訴は解消されたので「もうここには来なくていいのですよ」と私が言っても、「もう少し来させてくれ」「もう少し発表させてくれ」と言って通ってくるのです。最終的には終結にしましたけれども。

またこんなふうに自動思考のモニターを続けていると、自然と自分のスキーマにも気づきます。さっきのエピソードで、奥さんは彼をちら見しただけなのに、彼の頭には「見張られている」「何か言われるんじゃないか」といった自動思考が湧き上がりました。「何でだろう」という話になるわけです。なんで奥さんはちら見しているだけなのに「見張られている」と感じてしまうのか。その問いがスキーマへの気づきにつながります。

アセスメントでの「スキーマ」への気づき

図19のモデルに基づき自動思考レベルでアセスメントをしてみて、状況と自動思考のつながりが「了解可能」であれば、スキーマをわざわざ持ち出す必要はありません。たとえば気温がすごく高い。たとえば摂氏32℃。外に出ました。「暑い！」という自動思考が生じます。この場合の「暑い！」はあまりにも

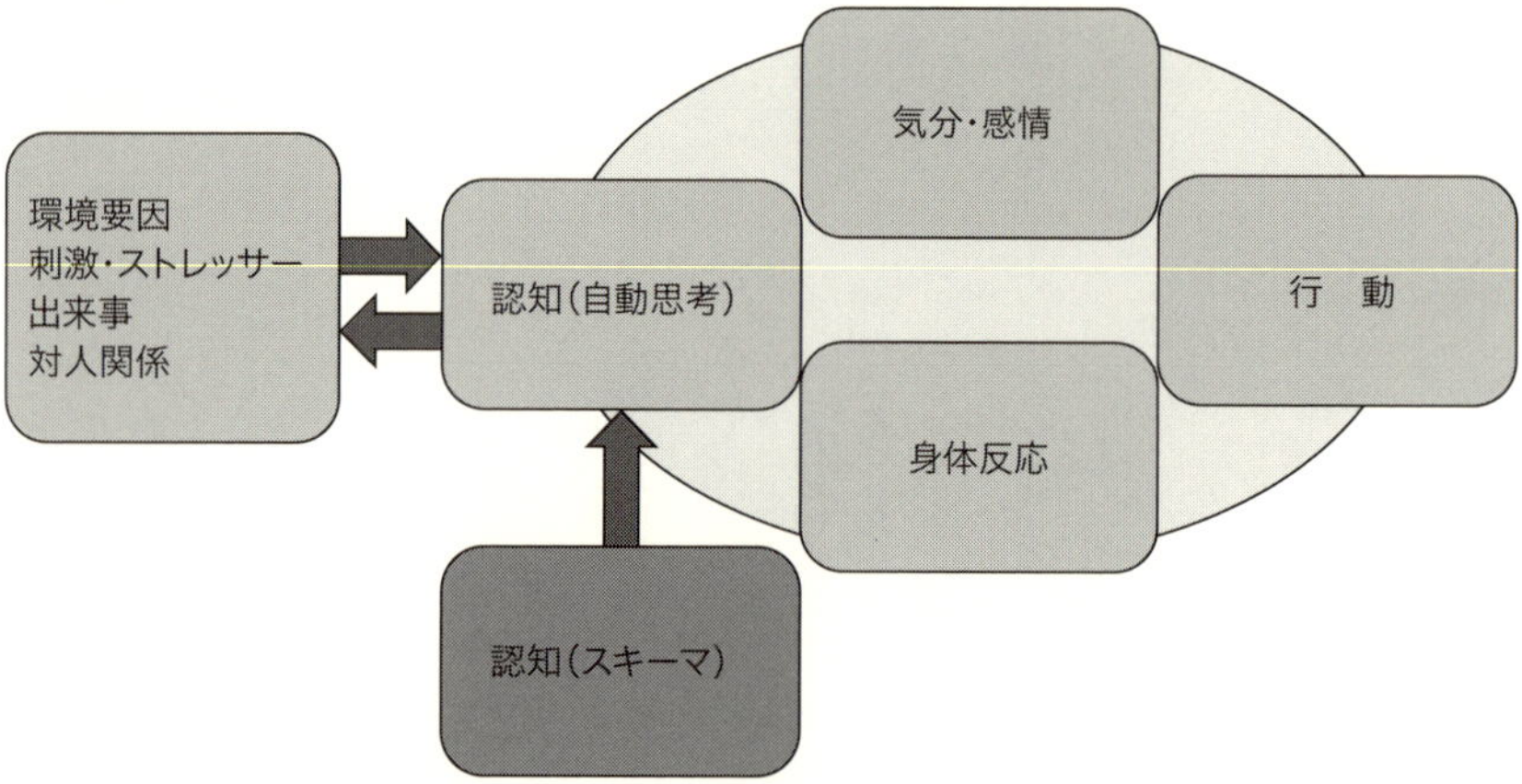

図19　CBTおよびスキーマ療法の基本モデル

了解可能ですよね。外が実際に暑いから「暑い！」という自動思考が生じたまでです。そうではなく、状況と自動思考のつながり方に疑問が生じた場合にスキーマを想定します。

スキーマというのは「事実」ではなく、その人が「自己や他者や世界をどう見るか」という内的な枠組みです。「この世の真実」ではなく「その人の主観的な物の見方」です。スキーマを想定する場合に気をつけた方がいいのは、それが同定されることで「ああ、自分の中にはそういう思いがあるんだな」と気づいて楽になる人がいる一方で、スキーマに気づくこと自体が侵襲的になって傷ついてしまう人もいるということです。ですからセラピストから直接的に直面化するのではなく、クライアント自身が自然な流れの中で疑問を持ち、気づいていくという流れが望ましいと思います。

彼の場合はさきほどの「妻のちら見」という状況と「見張られている」「何か言われるのかなあ」という自動思考のギャップから、「なんでこんな自動思考が出て来るんだろう」という疑問につながりました。そして「ああそうか」気づいたのは、彼のお父さんが非常に厳しい

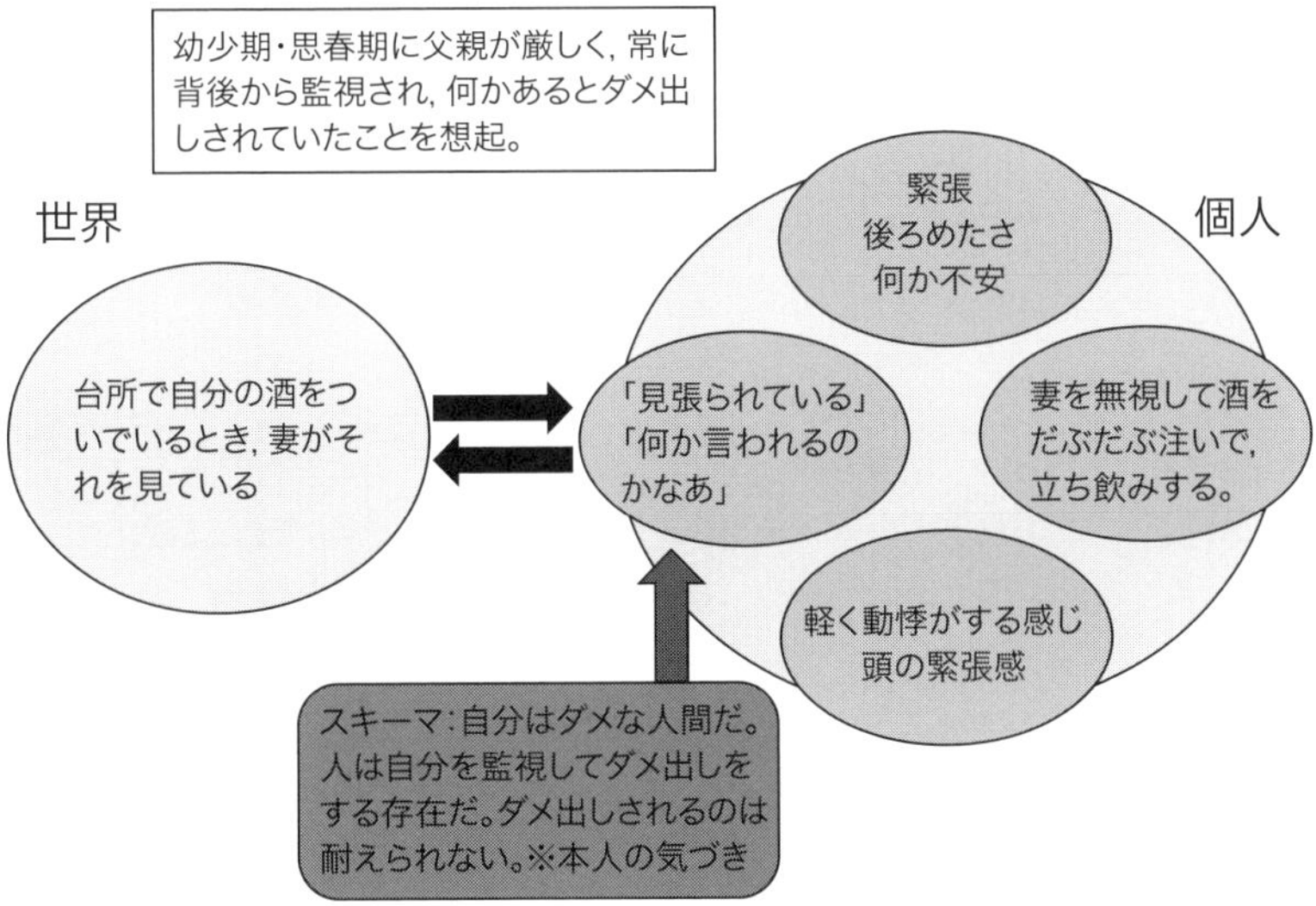
幼少期・思春期に父親が厳しく, 常に背後から監視され, 何かあるとダメ出しされていたことを想起。
世界
個人
緊張
後ろめたさ
何か不安
台所で自分の酒をついでいるとき, 妻がそれを見ている
「見張られている」
「何か言われるのかなあ」
妻を無視して酒をだぶだぶ注いで, 立ち飲みする。
軽く動悸がする感じ
頭の緊張感
スキーマ：自分はダメな人間だ。人は自分を監視してダメ出しをする存在だ。ダメ出しされるのは耐えられない。※本人の気づき

図 20

人で、常に背後から監視され、ダメ出しを受け続けたという自らの体験です。それで人が自分を見ると、ただ見ているだけなのに「見張られている」と感じるんだ、背後から監視され続けていたからこそ後頭部に緊張感があるんだ、と気づいたのです（図20）。

ではどういうスキーマがあるんだろうということを一緒に検討したところ、「自分はダメな人間だ。人は自分を監視してダメ出しをする存在だ。ダメ出しされるのは耐えられない」というフレーズが同定されました。「まさにそういう思いが自分の中にある。だから妻に酒のことをちょっとでも言われると自分は逆ギレしていたんだ！」「だから妻がちら見しただけで〝監視されている〟と感じてしまったんだ！」という気づきは彼にとって非常に大きなものでした。

別のケースを紹介します（図21）。摂食障害の人で、私が精神科クリニックに勤務していたときに担当していた人です。彼女はクリニックに体重を増やすために通院していました。「入院だけは絶対にしたくない。入院するぐらいなら、少しだけ体重を増やして、生理を取り戻したい」という思いで、納得して通院していました。ですから「体重が二〇〇グラム増えた」ということは喜ばしいことのはずなのに、そうはならないとこ

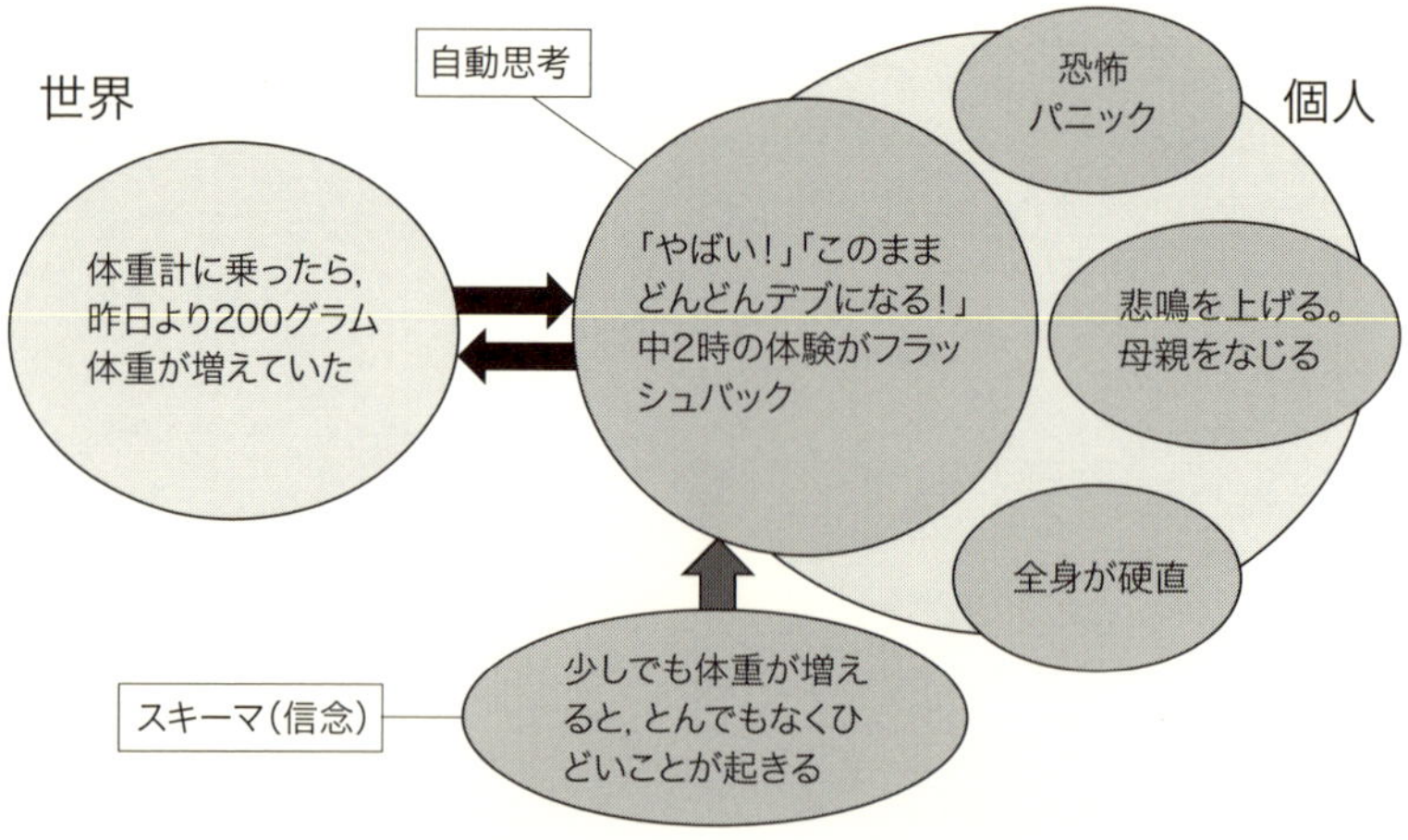

図21　アセスメントでの「スキーマ」への気づき（別の例）

ろが病気といえば病気で、毎日体重を計り、その増減に一喜一憂していました。そして昨日に比べて二〇〇グラム増えていたという状況に対して（二〇〇グラムなんて普通の人にすれば誤差の範囲内ですね）、「やばい！」「このままどんどんデブになる！」といった自動思考が湧き上がってきました。また同時に中学生時にいじめに遭っていたときの記憶がフラッシュバックしてきました。これは彼女が後で気づいたことですが、中学生時にいじめに遭っていた自分と今より体重が多い自分が「ミスリンク」（彼女の言葉です）して、「少しでも体重が増えると、とんでもなくひどいことが起きる」という思いが、すなわちこれがスキーマですね、自分の中にできてしまったんではないかと。だから本来なら喜ぶべき若干の体重の増加が、「やばい！」という自動思考を引き起こし、パニックになってしまうのではないかと。そして大きな悲鳴を上げて、「お母さんが作った料理のせいで体重が二〇〇グラムも増えた！　どうしてくれるのよ！」と母親をなじる行動につながってしまう。

このときはスキーマに引っ張られてパニックになりましたが、セッションでの彼女は落ち着いています。こうやって外在化したものを一緒に眺めて「どう思う？」と訊くと、彼女は「自分の自動思考は妥当じゃない」と言いました。「なぜそう思う？」と訊くと、「だって二〇〇グラム体重が増えるということは、一番嫌な入院から遠ざかるということだから、本当だったら喜んでもいいはず。それがミスリンクしたスキーマによって逆の反応になってしまった」とのことでした。よくわかっていらっしゃいます。その後彼女はこういった反応がでるたびに、ミスリンクしたスキーマによるものかどうか検証できるようになり、自動思考に振り回されなくなりました。

別のケースです。アセスメントツールに外在化したものを紹介します（図22）。女性のクライアントで会社員の彼氏がいました。彼女は無職です。平日の昼間に彼にメールを出します。重要な要件ではありません。「さびしい」とか「お腹すいた」とかいった内容です。彼は仕事中です。でもこういったメールにすぐに返事が来ないと、「何で?」「おかしい」「見捨てられた」「耐えられない」「死にたい」と自動思考が連なり、ものすごくつらくなり、最終的には自傷行為に至ってしまいます。このときは結局後から返事があり、実際に別れたりはしませ

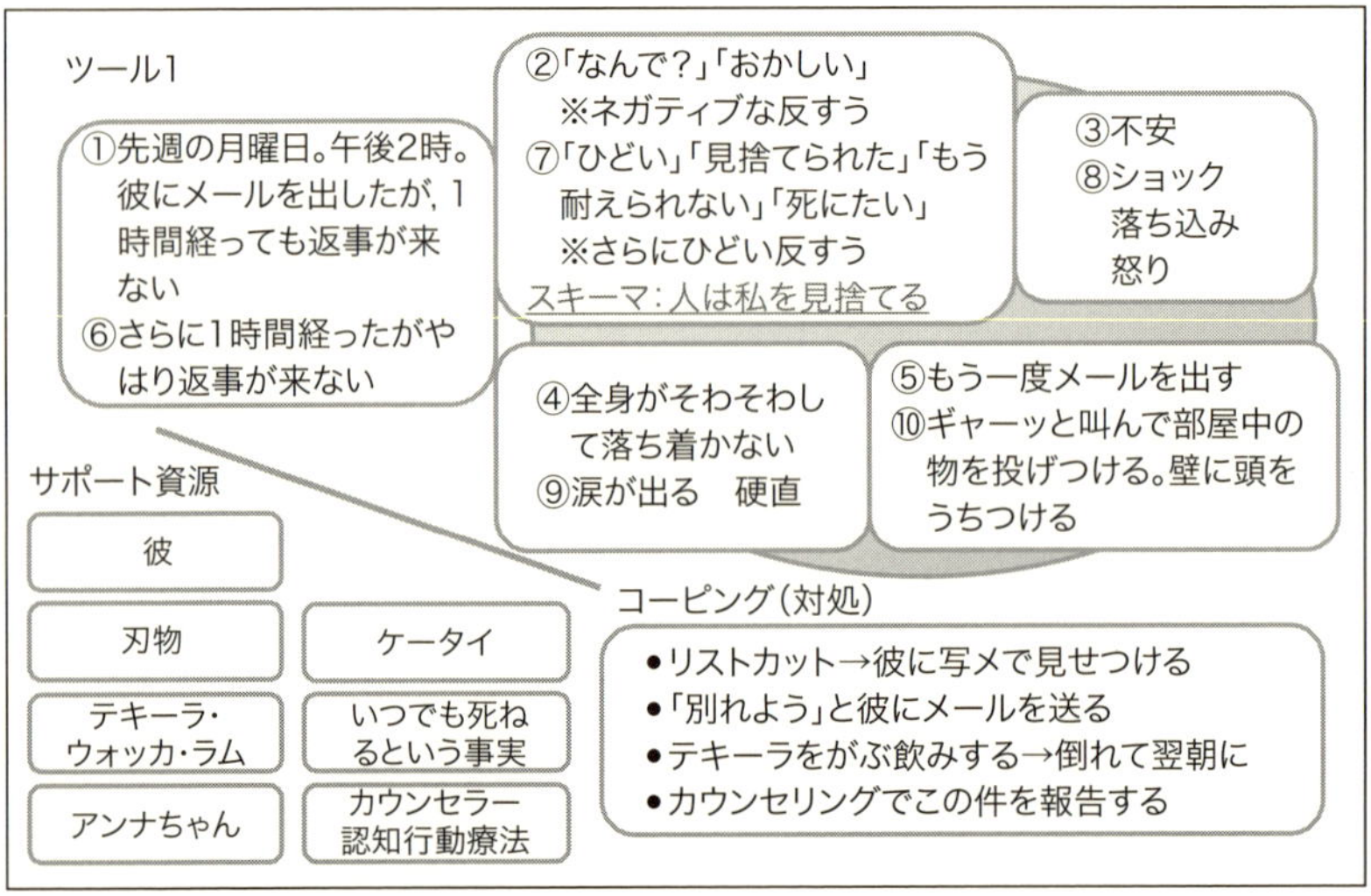
ツール1
①先週の月曜日。午後2時。彼にメールを出したが，1時間経っても返事が来ない
⑥さらに1時間経ったがやはり返事が来ない
②「なんで？」「おかしい」
※ネガティブな反すう
⑦「ひどい」「見捨てられた」「もう耐えられない」「死にたい」
※さらにひどい反すう
スキーマ：人は私を見捨てる
③不安
⑧ショック
落ち込み
怒り
④全身がそわそわして落ち着かない
⑨涙が出る　硬直
⑤もう一度メールを出す
⑩ギャーッと叫んで部屋中の物を投げつける。壁に頭をうちつける
サポート資源
彼
刃物
ケータイ
テキーラ・ウォッカ・ラム
いつでも死ねるという事実
アンナちゃん
カウンセラー認知行動療法
コーピング（対処）
●リストカット→彼に写メで見せつける
●「別れよう」と彼にメールを送る
●テキーラをがぶ飲みする→倒れて翌朝に
●カウンセリングでこの件を報告する

認知の欄に「見捨てられスキーマ」を置くことで，本人が自分の体験に納得。

図 22　アセスメントでの「スキーマ」への気づき（また別の例）

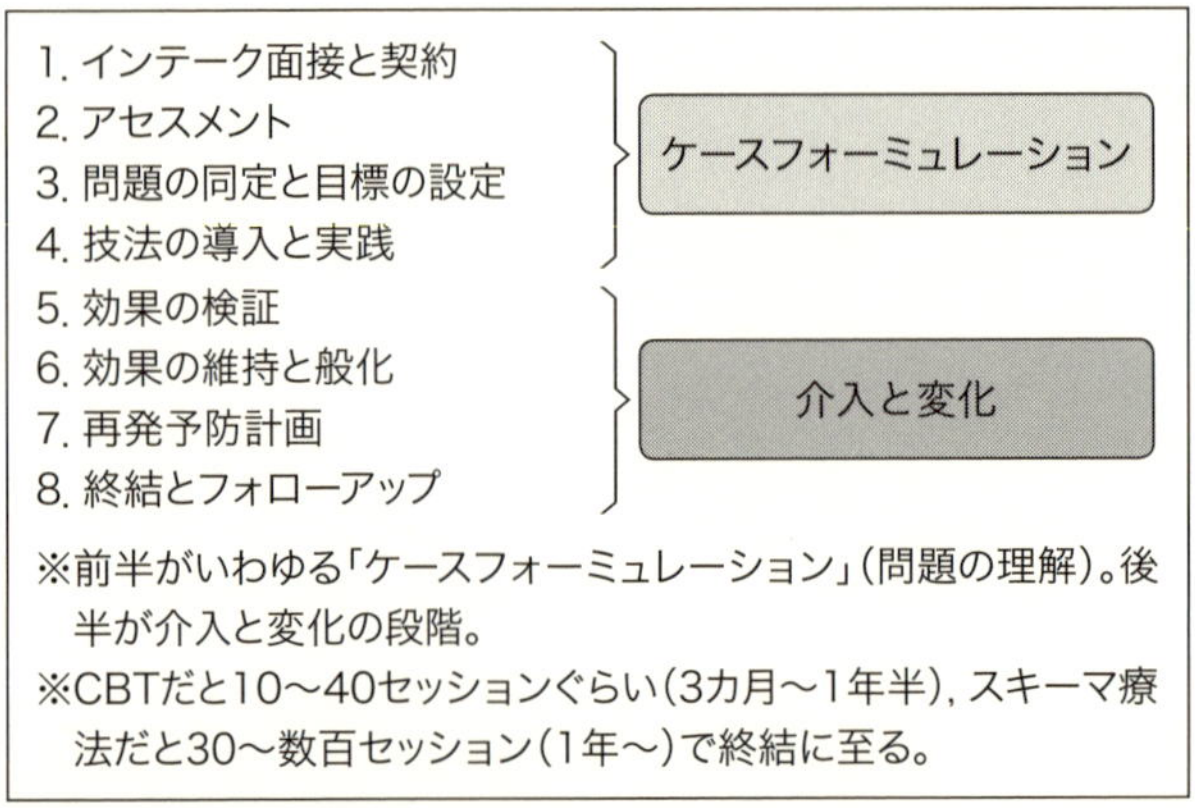
1. インテーク面接と契約
2. アセスメント
3. 問題の同定と目標の設定
4. 技法の導入と実践
ケースフォーミュレーション
5. 効果の検証
6. 効果の維持と般化
7. 再発予防計画
8. 終結とフォローアップ
介入と変化
※前半がいわゆる「ケースフォーミュレーション」（問題の理解）。後半が介入と変化の段階。
※CBTだと10〜40セッションぐらい（3カ月〜1年半），スキーマ療法だと30〜数百セッション（1年〜）で終結に至る。

図 23　認知行動療法とスキーマ療法のプロセス

んでした。

セッションで図22のようにアセスメントシートにまとめてみたところ、彼女自身が「あれ？」と思うわけです。平日に昼間に普通に働いている彼が数時間メールを返せないことがあるのは彼女も知っています。だけどこのときは気づくとこうなっていた、何でなんだろう、と。メールの返事が数時間ないだけでなぜこんなにも死にたくなってしまうのだろうと。そこで私からスキーマについて心理教育的に説明しました。そして彼女が気づいたのは、自分には「見捨てられスキーマ」があるということです。「人はどうせ自分を見捨てる」「自分はどうせ人から見捨てられるんだ」という「見捨てられ」に関わる深い思いがありそうだ、だとすると自分のこのような極端な反応にも合点がいく、とのことでした。そこでそのスキーマをアセスメントシートに追加で外在化しました。

認知行動療法とスキーマ療法のプロセス

この後ＣＢＴが発展したスキーマ療法というものを紹介するのですが、ＣＢＴおよびスキーマ療法に共通する全体の流れについて少しだけ紹介しておきます（図23）。さきほど原則のところでお伝えした構造化にも関わるお話です。まずはインテーク面接をして、アセスメントをする。そして悪循環の全体像が見渡せるようになったら、悪循環を維持している認知や行動の問題を抜き出し、それがどうなるといいのかという目標を立てる。そしてその目標に合った技法を選択するのが全体の流れの中でも特に前半でやることです。いわゆるケースフォーミユレーションです。そして後半がさまざまな技法を用いて変化を目指す「介入と変化」の段階です。

とにかく重要なのはケースフォーミュレーションです。それだけで回復してしまう人も少なくありません。さきほどのアルコール依存症の彼もそうでした。自分の反応パターンに気づくことができたら、別に技法を用いて介入しなくても、自分で工夫したり対処したりすることができるようになる人はたくさんいます。

終結に至るまでのセッション数ですが、ＣＢＴの場合十数回から三〇、四〇回で終結になるケースが多いですが、もっと長くかける場合もあります。スキーマ療法ではスキーマレベルの深い傷つきを扱いますので、もっと回数が増えます。ただ全体の流れとしては全く同じです。前半がケースフォーミュレーション、後半が介入と変化。

ＣＢＴの最近の動向（マインドフルネスとスキーマ療法）

それではＣＢＴの最近の動向について、というより私自身が非常に関心を持っている二つのトピックについて紹介します。マインドフルネスとスキーマ療法です。

マインドフルネスについて

マインドフルネスは最近非常に有名になり、ほとんどブームのようになっています。ＣＢＴの中でマインドフルネスが注目されるようになったのは、やはりエビデンスです。「マインドフルネスに基づく認知療法Mindfulness-based cognitive therapy（ＭＢＣＴ）」というのがあり、これがうつ病の再発予防にかなり効果があるという研究がその火付け役です。もともとベックの認知療法では、認知を再構成します。すなわち自動思考やスキーマに気づき、さらに新たな認知を作ります。日常語で言えば「思い直し」をするんです。自分にダメージを与える認知に気づき、ダメージを与えない認知に「思い直し」をします。それが認知再構成法で、ベックの認知療法の根幹となる技法です。一方、マインドフルネスに基づく認知療法では、その「思い直し」をしません。自分の認知に気づきを向けられるようになれば、その認知を手放し、その認知に距離をおけるので、おのずとその認知によるダメージは減るというのがＭＢＣＴの考え方です。あるいは呼吸など別のことに注意を向けて、ネガティブなグルグル思考に持って行かれないようになるというのがＭＢＣＴの手法です。

このグルグル思考というのがミソです。専門的には「反すう」と言いますが、うつ病の人の反すうってすごいですよね。これでもかというネガティブな思考がグルグルして、それに持って行かれている。グルグル思考の大波に溺れてしまっているような状態。それがマインドフルネスを身につけると、思考に持って行かれなくなるので、溺れなくて済むようになる。グルグル思考が出て来ても「ああ、グルグル思考が出ているな」と気づきながらグルグルできるようになる。そうするとそんなに反すうの問題に巻き込まれることはなくなります。だからうつ病を予防できるのです。

マインドフルネスは仏教とかヴィパッサナー瞑想とか、わりと宗教とかスピリチュアルな領域で発展したものと、ＣＢＴの文脈で発展したものと、いくつかのアプローチがありますが、基本的には「気づき」なんです。自分の体験に気づきを向け、それに巻き込まれないで眺める、というのが全てのマインドフルネスに共通する基本態度です。

体験系のマインドフルネスのエクササイズで一番有名なのが「レーズンエクササイズ」というワークです。一粒のレーズンを手に取って眺め、匂いを嗅ぎ、口の中に入れて、いろいろと味わって飲み込む、というワークを三〇分とか一時間かけて行います。これ、実際にやってみると非常に面白いですよ。レーズンを一粒食べるという小さな行為の中に、これほどまでにさまざまな体験が詰まっているのか、という驚きがあります。さきほど紹介したように、自分自身の内的な体験にアクセスするのが難しい人は、レーズンエクササイズのような無害なワークを何度も何度もやってもらい、自分の体験に触れるということを身につけてもらいます。これができるようになれば、次第に自分のストレス体験にも触れることができるようになります。

ＣＢＴの技法は何でもそうですが、クライアントに教える前にまず自分が身につけろ！ということで、私自身この何年ものあいだ、マインドフルネスを生活のなかで実践していますが、これは非常に楽しいです。呼吸とか歩行とか家事とかそういったことがすべてマインドフルネスのワークとして使えます。私なんか、マインドフルネスの副効果として今まで嫌いだった家事が嫌いじゃなくなったというのがあります。洗濯物を干すというのは私の最も嫌いな家事だったのですが，「あ，これもマインドフルネスの課題にしちゃおう！」と思いついてからは，嫌いじゃなくなってしまいました。夫には家事が嫌いじゃなくなったというのは内緒にしていますが。

一同：（笑）

伊藤：マインドフルネスはセルフモニタリングの延長線上にあります。セルフモニタリングやマインドフルネスは生活実践上のスキルとして非常に役立つという実感があります。

しょぼい例を挙げますが，近所にわが家が命綱にしているコンビニがあるのですが，わが家ではそのコンビニのレジ袋をごみ袋として非常に重宝しています。ところがそのコンビニの店長のポリシーなのか，コスト削減のためなのか，店員さんは皆，できるだけ小さな袋に詰め込もうとするんです。ただそうされると袋に穴が空いちゃったりするんですね。だからいつも私は店員さんが小さな袋に無理やり詰めるのを横目に，「うわあ，もうそこ破れちゃう！　そんなに小さな袋にそこまで詰め込む

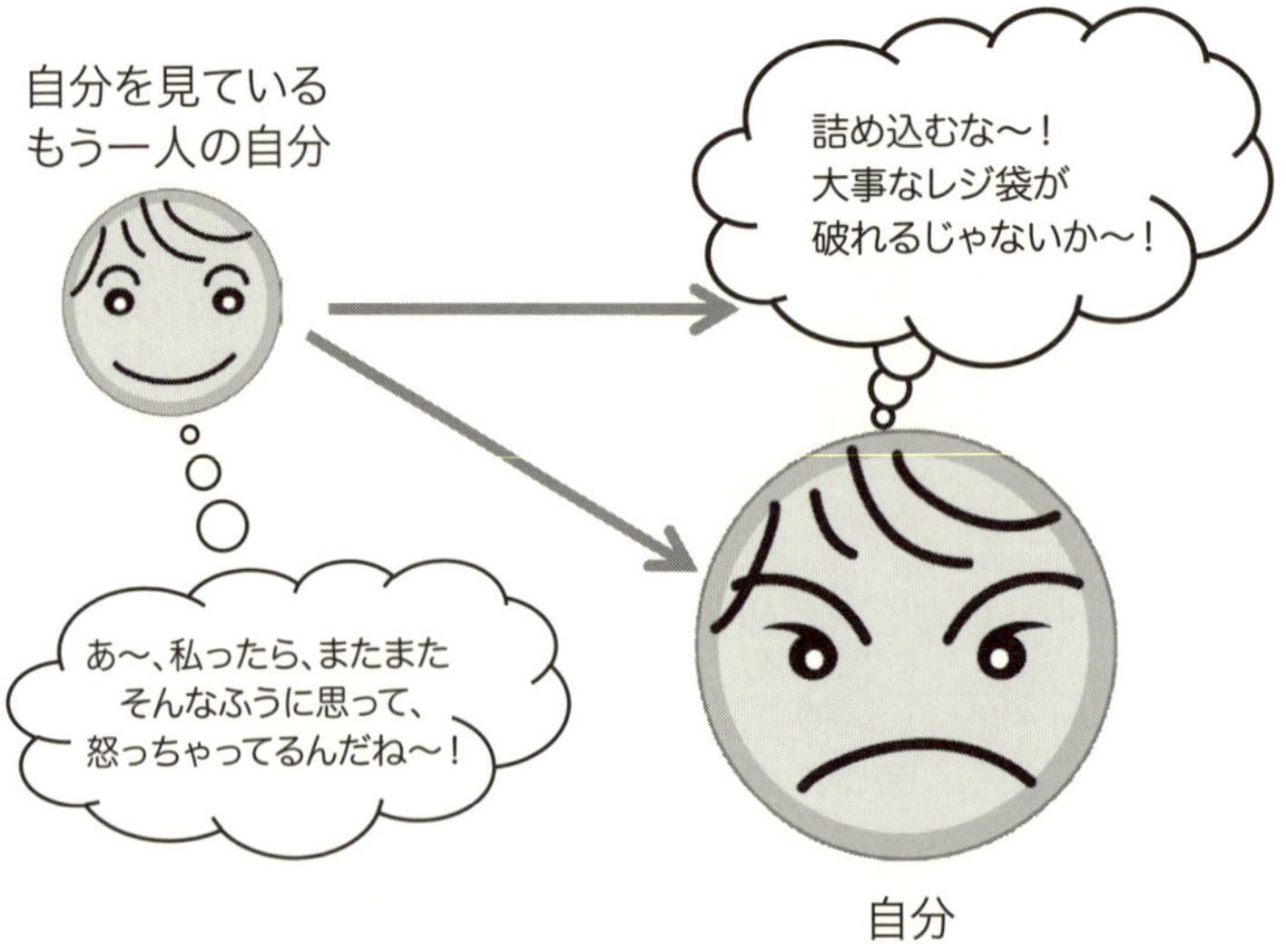
自分を見ている
もう一人の自分
詰め込むな〜！
大事なレジ袋が
破れるじゃないか〜！
あ〜、私ったら、またまた
そんなふうに思って、
怒っちゃってるんだね〜！
自分

図 24　自動思考をモニターすることの重要性

のか！」とか「チョコレートの箱の角が突き刺さっているじゃないの！　もうそこ絶対穴が開くな」という自動思考にまみれながら、詰め込まれていくレジ袋を睨んでいるんです。たぶん眉間に皺が寄っていると思います（図24）。以前の私はそうでした。

でもセルフモニタリングとマインドフルネスを身につけた今では、そういう自分の反応に気づき、「あー、私ったらまたそんなふうに思っちゃって！」といった感じで、自動思考から離れられるので、レジ袋に関する自動思考が湧いてくるのには変わりはないのですが、それに気づいて手放せるのでおそらく眉間には皺は寄っていないでしょう。

自動思考をモニターすることの重要性

そういうわけでマインドフルネスの実践のためにもやはりモニターが前提となります。モニターができて初めて自分の体験にマインドフルになれる。したがって全てのケースにおいてクライアントにはモニターをしっかりと身につけてもらいます。知的に制約のある人はモニターがすごく苦手な人が多いです。その場合、通常より時間をかけてトレーニングをします。知的能力があまり高くなくても時間をかけてモニターの練習をし続けると、メタ認知の力が伸びたり、内省力が高まったり、自己理解が深まったりします。また先ほどのアルコール依存症の男性のように、自動思考がモニターできないと自分の行動の原因を外部に帰属することになりますが、モニターができるようになると自分が自分の行動を選んでいることに気づき、非常に主体的になってきます。状況に翻弄されなくなるんです。

発達障害、特に自閉症スペクトラムの人はよく「心の理論」に欠陥があるとか、「人の気持ちがわからない」「共感性に欠ける」などと言われたりしますが、そもそも彼らは人の気持ち以前に自分の気持ちがわからない人が多いんです。ですからＣＢＴを通じてまずは自分自身の自動思考や気分・感情に気づけるようになることが先決です。自分自身の自動思考や感情に気づけるようになると，他人にも同様に自動思考や気分・感情があることを知り，他者理解につながっていきます。

モニターしながら，それをそっと置いておけるようになるのがマインドフルネスです。さきほどレーズンのワークを少し紹介しましたが，マインドフルネスにはさまざまなワークがあります。今日は時間がないので一つ一つのワークについて紹介はしませんが，こういうワークがありますよ！ということでワークの名前だけいくつか紹介しておきます（図25）。

宣伝になってしまうのですが，最近『自分でできるスキーマ療法ワークブック』という本を出しまして，そこにはさまざまなマインドフルネスのワークが出ていますので，よければご参照ください。

個人的に今すごく流行っているのは「うんこのワーク」です。あるクライアントと話したのですが，もう自分の自動思考や感情やうんこと同じだ，確かに自分の中から出てきてはいるけれども出そうと思って出すのではなく，結果的に出てきてしまうもの，基本的には自動思考もうんこと同じ排泄物なんです。さて皆さんうんこをしたらどうしますか。一応チラ見はしますよね。自分の身体から出た「お便り」ですから。「ああ，こういうのが出たんだ」「ああ，こういうのが出ちゃったね」というふうにチラ見をして，あとはトイレのレバーを押すなりしてトイレに流してもらう。自分でうんこに手を突っ込んで流そうとしたり，一時間も二時間も凝視したり

○レーズンエクササイズ
○ボディスキャン
○歩くマインドフルネス
○呼吸のマインドフルネス
○葉っぱのエクササイズ
○流れる雲のエクササイズ
○うんこのワーク
○その他
参考文献：『自分でできるスキーマ療法ワークブック』（星和書店）

図 25　さまざまなマインドフルネスのワーク

はしませんよね。自動思考も同じです。うんこをこねないのと同じく自動思考もこねることなく，チラ見してあとはトイレに流してもらう。トイレのワークは，特に思考のスピードが速く，うわー！と自動思考が出まくってしまうようなクライアントに非常に評判がいいです。

スキーマ療法について

スキーマ療法についてもちょっとだけ紹介させてください。当初ベックの認知療法はうつ病を対象に構築されました，ベックの直接の弟子だったジェフリー・ヤング先生が，もともとボーダーライン（ＢＰＤ）の患者さんを治療していた方で，ＢＰＤのなかなか大変な患者さんは，ベックの認知療法だけではちょっと間に合わないなっていうことで，ＣＢＴ以外の理論や技法をいろいろと持ってきてスキーマ療法を作り上げました（図26）。

私は今，スキーマ療法に非常に関心があります。うちの機関にも結構難しいケースが紹介されてくることが多く，もうありとあらゆる工夫をしながらＣＢＴをやっていたのですが，スキーマ療法を知ってからは，「あ，こっちのほうが早いじゃん」っていうことで，スキーマ療法を今ではかなり使うようになっています。

○スキーマ療法（Schema Therapy）とは，米国の心理学者であるジェフリー・ヤングが構築した，認知行動療法を中心とした統合的な心理療法である（Young, 1990; Young, Klosko, & Weishaar, 2003）。
○ヤングは認知療法の創始者アーロン・ベックに指導を受けたが，後にパーソナリティ障害，特にBPDを対象にCBTを拡張し，スキーマ療法を構築した。
○現在，スキーマ療法は，BPDのみならず，他のパーソナリティ障害，難治性や再発を繰り返すI軸障害，その他様々な心理社会的問題や生きづらさを抱える当事者に対する有力な心理療法アプローチとして世界的に注目されている。

図 26　スキーマ療法とは

統合的アプローチとしてのスキーマ療法

スキーマ療法は非常に統合的なセラピーです。イメージとしてはこんな感じです（図27）。認知行動療法が中心にあることには変わりないんですが，そこに加わる理論として特に大きいのはアタッチメント（愛着）の理論です。スキーマ療法では幼少期の体験を養育者とのアタッチメントがうまくいったか否かで見ていきます。また技法的にはかなりゲシュタルト療法のものを使います。椅子のワークであるとか。あとは力動的な視点や構成主義的な視点もかなり入ってきます。それから感情焦点化療法に近いものや脳科学的な説明をしたりもします。ただこうやって説明すると寄せ集めの折衷のように見えてしまうかもしれませんが，私がスキーマ療法を学んで一番驚いたのは非常に統合的であるということでした。よくここまで整合性を持って統合できたな，という驚きでした。

スキーマ療法との出会い

スキーマ療法に出会ったのはたまたまです。二〇〇三年にヤング先生たちが出版した分厚い治療マニュアル（この本はスキーマ療法業界では「バイブル」と呼ばれています）を，二〇〇五年か二〇〇六年に金剛出版さんから「翻訳しません

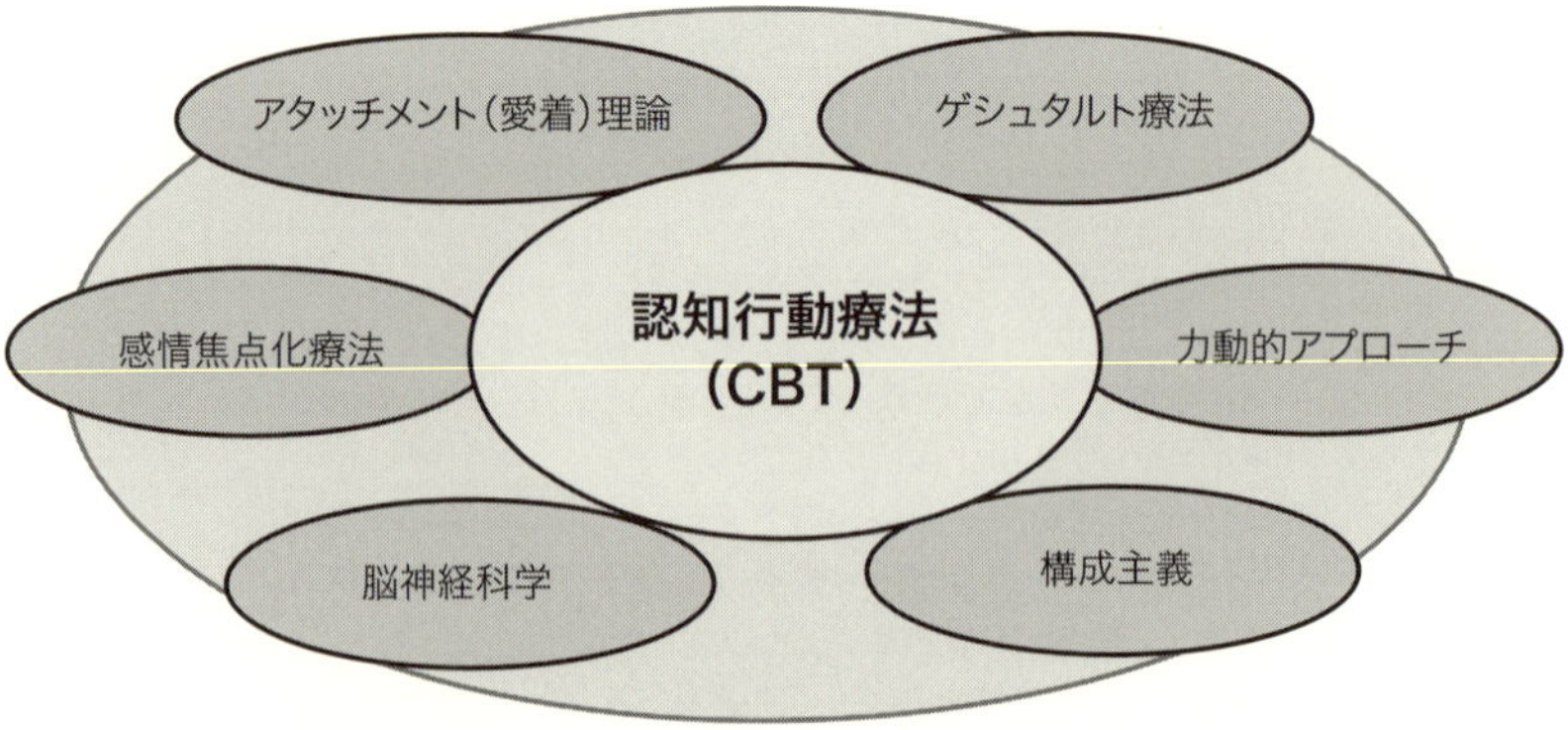

※寄せ集めの折衷モデルではなく，あくまでもCBTを中心とした有機的統合モデルである。

図 27　統合的アプローチとしてのスキーマ療法

か」と持ちかけられました。二〇〇三年に出た本を二、三年して翻訳をもちかけられるということは、おそらくその間に何人かの先生が翻訳を断ったのではないかと私は踏んでいます（笑）。私自身はスキーマ療法についてはずっと関心がありました。というのも一九九〇年以降、パーソナリティ障害、特に境界性パーソナリティ障害（ＢＰＤ）に対する認知行動療法の記事や論文を読むと、必ずヤング先生の文献が参考文献に掲載されていたからです。当初はまだ「スキーマ療法」ではなく「スキーマに焦点化した認知療法」というネーミングでした。「ああ、そういうアプローチがあるんだな。どういうものなんだろう？」という関心がありました。

とはいえそのバイブルがとにかく分厚いので（五〇〇頁ぐらいあります）、二つ返事で引き受けることはせず、原書をお預かりして「まず序文と第一章を読ませてください。それから決めます」ということにしました。そして読み始めたところ、私の自動思考がすごいことになりました。「すごい！　ＣＢＴもここまで来たか！」「ＣＢＴに一つの到達点があるとしたら、それは紛れもなくこのスキーマ療法だ！」といった自動思考が渦を巻きました。要は一目惚れしちゃったんです。そこで翻訳を決意し、チームを作り、私自身は監訳者になりました。

何にそこまで感銘を受けたのかというと、まずは先ほど申し上げた通り非常に統合的であるということです。理論と実践の整合性が取れている。そしてパッケージモデルではなくカスタマイズモデルであるということにも感銘を受けました。ＣＢＴには二通りがあるんです。プロトコルに沿ってその通りに進めていきましょうというガチガチのパッケージモデル、そしてケースに合わせてフォーミュレーションを行って治療をオーダーメイドしていきましょうというカスタマイズモデル。ＲＣＴを行ってエビデンスを作る場合はパッケージモデルは重要です。ＢＰＤに対する治療で一番エビデンスが出ているのはマーシャ・リネハンという人が構築した弁証法的行動療法（ＤＢＴ）というのがあります。このＤＢＴはガチガチのパッケージモデルです。精緻なマニュアルがあって、とにかくこの通りにやりなさい、この通りにやらない場合、それはＤＢＴとは呼んではならない、というように。

たぶんこれは私の性格もあるのでしょうが、ガチガチのマニュアルやプロトコルに従ってセラピーをするのが嫌なんですね。面白くない。自由にやりたくなっちゃうんです。そういうわけで私にはＤＢＴは無理だと思います。一方でスキーマ療法は徹底的なカスタマイズモデルなんです。それぞれのケースに合わせて柔軟に使ってね、というアプローチです。この柔軟性に私は惹かれたのです。

そういうわけで翻訳をしたのですが、これはもう「地獄を見た！」という一言に尽きます。この翻訳の仕事によって自分の寿命が三年は短くなったという確信があります（笑）。それぐらい大変でした。何が大変かというと、分量が多いこともももちろんですが、用語の問題が大きかったです。私は認知行動療法の翻訳も何冊か手掛けているのですが、こちらはそれほど大変ではありません。というのも、日本語の用語がすでに決まっているから。「Automatc Thought」は「自動思考」と訳せばいいということを知っている。一方、スキーマ療法を日本語にするのは私たちが初めてで、しかもスキーマ療法に特有の用語がいろいろとあるので、それを一つ一つわかりやすい日本語に置き換える、という作業がもう本当にしんどかったですね。ただ苦しかったけれども「やってよかった」というのが実感です。たとえ命が三年縮んでも（笑）。

私たちの取り組み

そういうわけで翻訳作業をしながら私たち自身がスキーマ療法を学び、まずは自分自身でスキーマ療法を体験しました。このへんはＣＢＴと全く同じです。クライアントにスキーマ療法を提供するまえに、まずは自分で体験し、自分のものにしてみよう、ということです。本当はセラピストからスキーマ療法を受けたかったのですがそうもいかないのでまずはセルフでやりました。ちょうど翻訳作業と同じぐらい二〜三年かけてスキーマ療法を体験しました。これも非常に苦しかったですね。スキーマ療法では、自分のこれまでの傷つき体験に直面する、自分のこれまでの生き方の棚卸しをする、ということをします。それはとてもエネルギーが要ることで、めちゃくちゃしんどかったのですが、翻訳と同じで、結果的には「やってよかった！」と心底思えるほど、非常に大きな助けになりました。生き方レベルで深いCBTを集中的にやったという感覚です。

やりながらもう一つ私が感じたのは、スキーマ療法はCBTと同じで、とにかくツールを使っていろんなことを外在化します。自分の過去の体験やさまざまな思いが外在化されたファイルが一冊出来ます。そのファイルに自分がまるごと詰まっているような感じです。自分でスキーマ療法をやっている二～三年の間、私はそのファイルを肌身離さず持ち歩いていました。こんなに自分が丸裸になってしまっているようなファイルは絶対に誰にも見られたくない、家族にすら見られたくない、いや家族だからこそ絶対に見られたくない、というファイルです。今は自宅の机の鍵付きの引き出しにしまってあるのですが、とにかく誰にも見られたくないファイルができてしまったのです。このような体験をして感じたのは、クライアントはそれを私と共有してくれているのだな、ということです。スキーマ療法とまではいかなくてもCBTをやってみればいろいろな体験や思いがあり、それをツールに外在化していきます。それはかなり勇気のいることなんだということがやってみて痛感されたのです。

その後、「この人にはスキーマ療法が役に立つんじゃないか」と思われるクライアントに声をかけて、少しずつ臨床の場でスキーマ療法の実践を始めましたが、クライアントの食い付きがものすごくいいことに驚きました。スキーマ療法について少し説明しただけで、「あ、私それやります」「私が求めていたのはそれなんです」という具合に、スキーマ療法の本質的なところを即座に理解して、「やりたい」と言ってくれるのです。また私はオフィスで外部の専門家にもスーパービジョンをしていて、外部からSVを受けに来る心理士や医師が教育分析的にスキーマ療法を受けたい、というケースが増えてきました。そういうわけでスキーマ療法のケースが少しずつ積み上がってきました。そして最初からかなりの手応えを感じました。

その後少しずつ学会で事例を発表したり、プロジェクトを作ったり、入門のワークショップを始めたり、ということをしています。昨年にはとうとう「日本スキーマ療法研究会（ＪＡＳＴ）」というのを立ち上げました。

フェイスブックのページがありますので、もしよければ見てみてください。しかも今年は二回、アメリカのニュージャージーまで一週間の研修を受けに行くことにしています。すでに三月に一度行きました。九月にもう一度行きます。またJASTの研究会も一二月に筑波大学の東京キャンパスにて開催するので、よろしければご参加ください。

そんな感じで、今私たちは「スキーマ療法祭り」と言ってもいいぐらい、もうほとんど暴走気味にスキーマ療法に突っ走っている状態です（笑）。二〇〇八年にヤング先生のバイブルの翻訳を出した後、二〇一三年に『スキーマ療法入門』という私たちが執筆した入門書を出版しました。さらにさきほどちらりと紹介しましたが、今年の七月に『自分でできるスキーマ療法ワークブック』という二分冊の本を出しました。これは一人でも取り組めるセルフヘルプ用のワークブックです。なぜこれを書いたかというと、スキーマ療法の入門ワークショップには心理士のみならず精神科医の先生方がわりと多く参加してくれるのですが、その先生方がこぞっておっしゃるのは、「スキーマ療法はいい。ぜひ現場で使いたい。ただ保険診療で本格的に使うのは無理だ。患者さんが一人で取り組んで、診察で共有できるようなワークブックがあるとよいのだが」ということでした。なるほどなと思いました。確かにワークブックがあると医師の診療だけでなく心理士の面接でも使いやすくなると思い、これもなかなか執筆は大変だったのですが頑張って作りました。

他にも今、スキーマ療法に関する本の執筆や翻訳を何冊か手掛けています。さっきも言ったようにもうお祭り騒ぎです（笑）。限界が来ていますので、もうこれ以上は新たな本や翻訳には手を出さないと心に決めています。

早期不適応的スキーマ

それではこれからしばらくスキーマ療法の理論やモデル、そして実際の進め方について解説していきます。

皆さんご存知の通り、スキーマとはそもそもCBTの用語ではなく、もともと発達心理学や認知心理学で「認

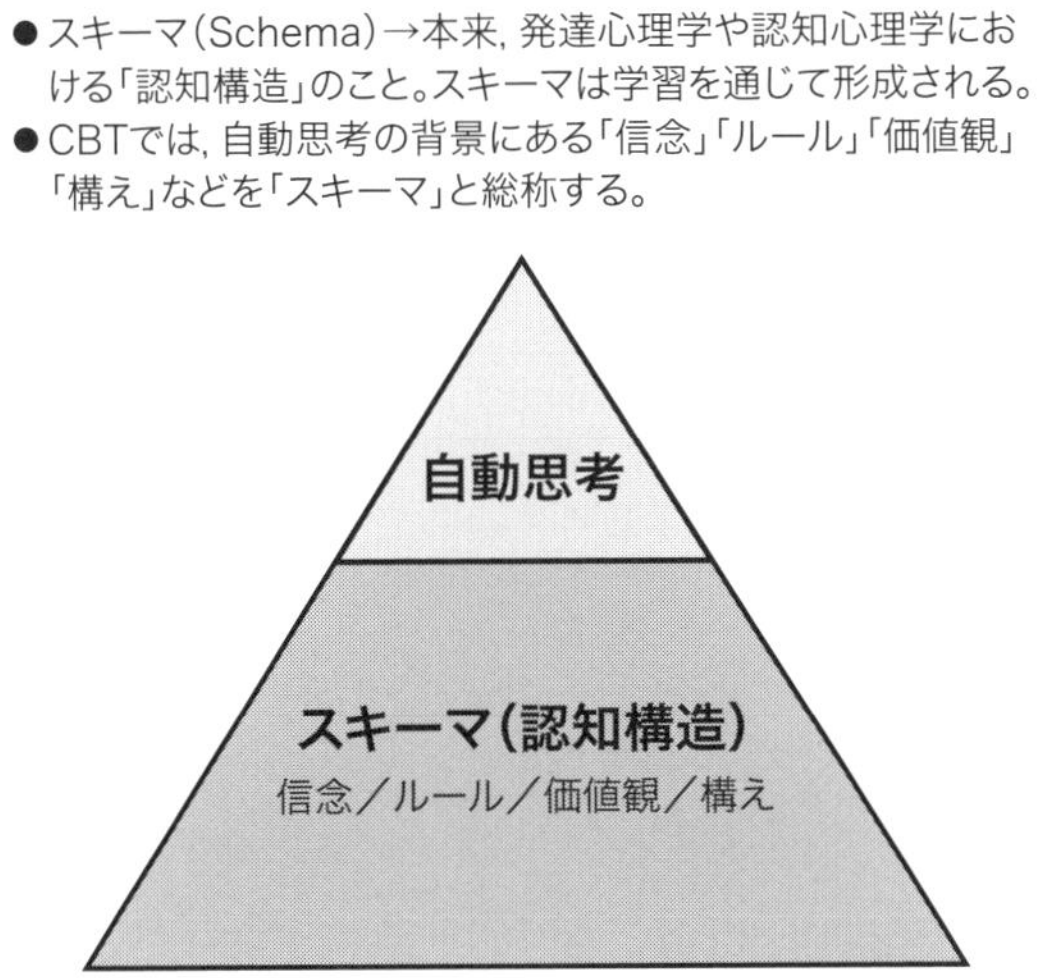
●スキーマ（Schema）→本来，発達心理学や認知心理学における「認知構造」のこと。スキーマは学習を通じて形成される。
●CBTでは，自動思考の背景にある「信念」「ルール」「価値観」「構え」などを「スキーマ」と総称する。
自動思考
スキーマ（認知構造）
信念／ルール／価値観／構え

図 28　そもそもスキーマとは？

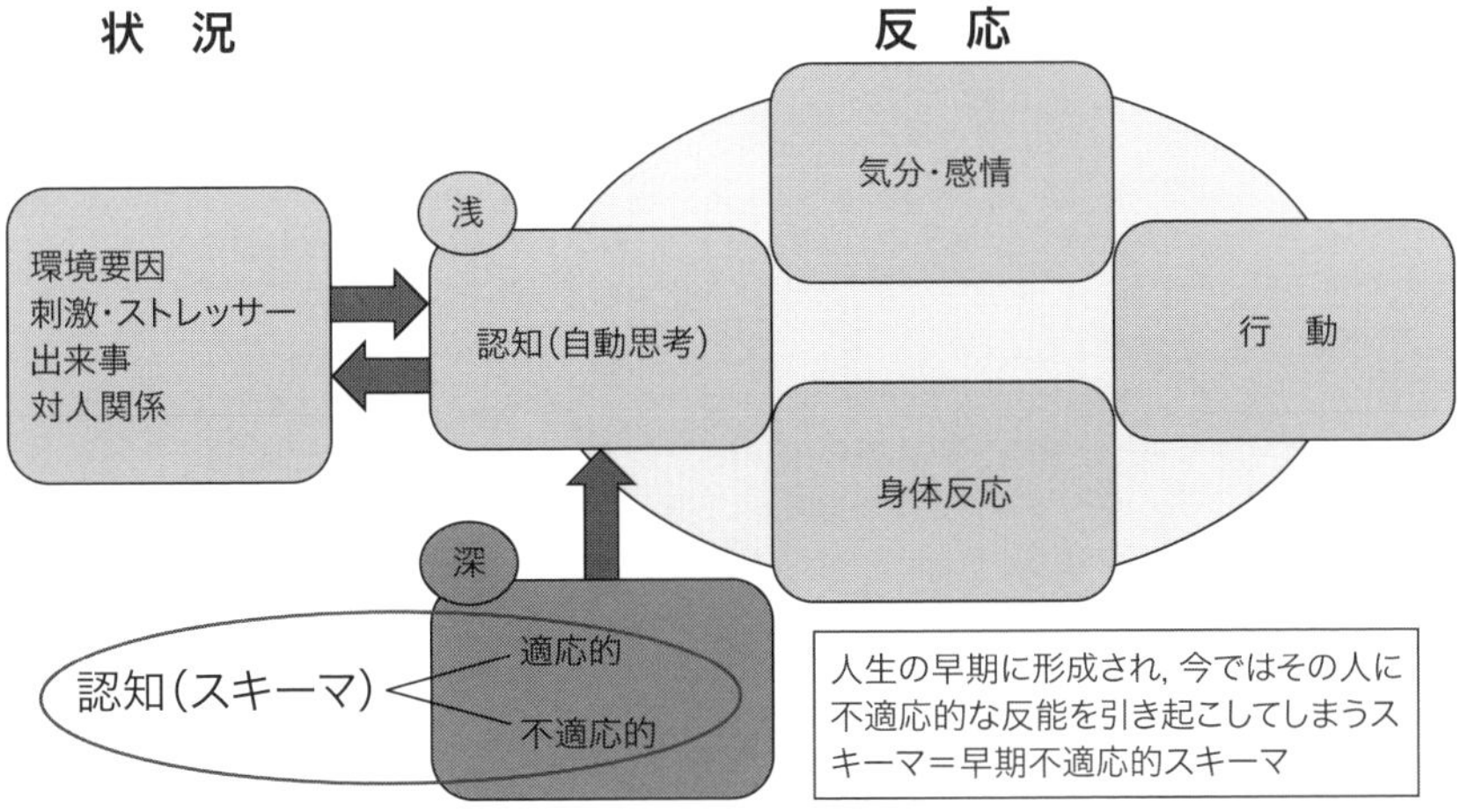
状　況
反　応
環境要因
刺激・ストレッサー
出来事
対人関係
浅
認知（自動思考）
気分・感情
行　動
身体反応
深
認知（スキーマ）
適応的
不適応的
人生の早期に形成され，今ではその人に不適応的な反能を引き起こしてしまうスキーマ＝早期不適応的スキーマ

図 29　スキーマ療法はどこに焦点を当てるか

知構造」という意味で使われてきました。ベックはそこから認知療法にもスキーマという概念を取り入れたのです（図28）。自動思考の背景にあるその人の構造的な認知。それがスキーマです。ではスキーマ療法で扱うスキーマとは何か。それは「早期不適応的スキーマ」というものです（図29）。英語では「Early Maladaptive Schema」と言います。これは定義をすると、「人生の早期に形成された、当初は適応的だったかもしれないが、今となってはその人に不適応をもたらすスキーマ」ということになります。「当初は適応的だったかもしれないが」というのがミソです。スキーマというのは必ず適応のために形成されるんです。生きやすくするために、生き延びるために形成される。それが残念ながら後になってかえってその人を生きづらくさせちゃうことがあるんです。それが早期不適応的スキーマです。

例を挙げましょう。幼少期や児童期に養育者に虐待される、学校でひどいいじめに遭って誰も助けてくれない、という体験をしている子どもが、「人はみんな敵だ」「人はみんなひどいことをしてくる存在だ」「だから誰のことも信じてはならない」と思うに至るのは適応的ですよね。だって本当のことなんだから。しかしそのような思いを強く抱いたままその人が大人になったとします。大人になって職に就いたとします。職場の人全員に「人はみんな敵だ」「誰も信じられない」という思いを向けたとしたら、それはかなり生きづらいでしょう。そういう人は親切そうな人が近づ

○人生の早期に形成され，形成された当初は適応的だったかもしれないが，その後のその人の人生において，むしろ不適応的な反応を引き起こしてしまうスキーマの総称。

→全般的で広範な主題，もしくはパターンである。

→記憶，感情，認知，身体感覚によって構成されている。（Youngはスキーマの定義を拡大してしまった！）

→その人自身，およびその人を取り巻く他者との関係性に関わっている。

→幼少期および思春期に形成され，その後精緻化されていく。

→かなりの程度で非機能的である。

図30　早期不適応的スキーマ
（Early Maladaptive Schemas：EMS）

いてきても「人は信じられない」というスキーマで解釈しますから、「何か裏があるに違いない」「うっかり信じたら大変なことになる」と思って、結局親切な人も敵になってしまうのです。これは生きづらいですよね。このように最初はサバイバルのため、生き延びるために形成されたはずのスキーマが、その後でかえってその人を生きづらくさせるスキーマを早期不適応的スキーマといいます（図30）。

この早期不適応的スキーマというのは、生得的な感情的気質と幼少期に満たされなかった中核的感情欲求がかけ合わされたものであるとヤングは仮定しています（図31、図32）。なお図30にも書きましたが、ヤングは早期不適応的スキーマを「記憶、感情、認知、身体感覚によって構成されている」としています。これは従来の「スキーマは認知構造である」という心理学の定義を拡大してしまっており、私自身この拡大定義はいただけないなと思っています（笑）。

五つのスキーマ領域と十八の早期不適応的スキーマ

五つの中核的感情欲求がそれぞれに満たされないとそれに対応する領域のスキーマが形成されるというのがスキーマ療法の理論です（図33）。つまり領域も欲求と同じく五つあり、そこに

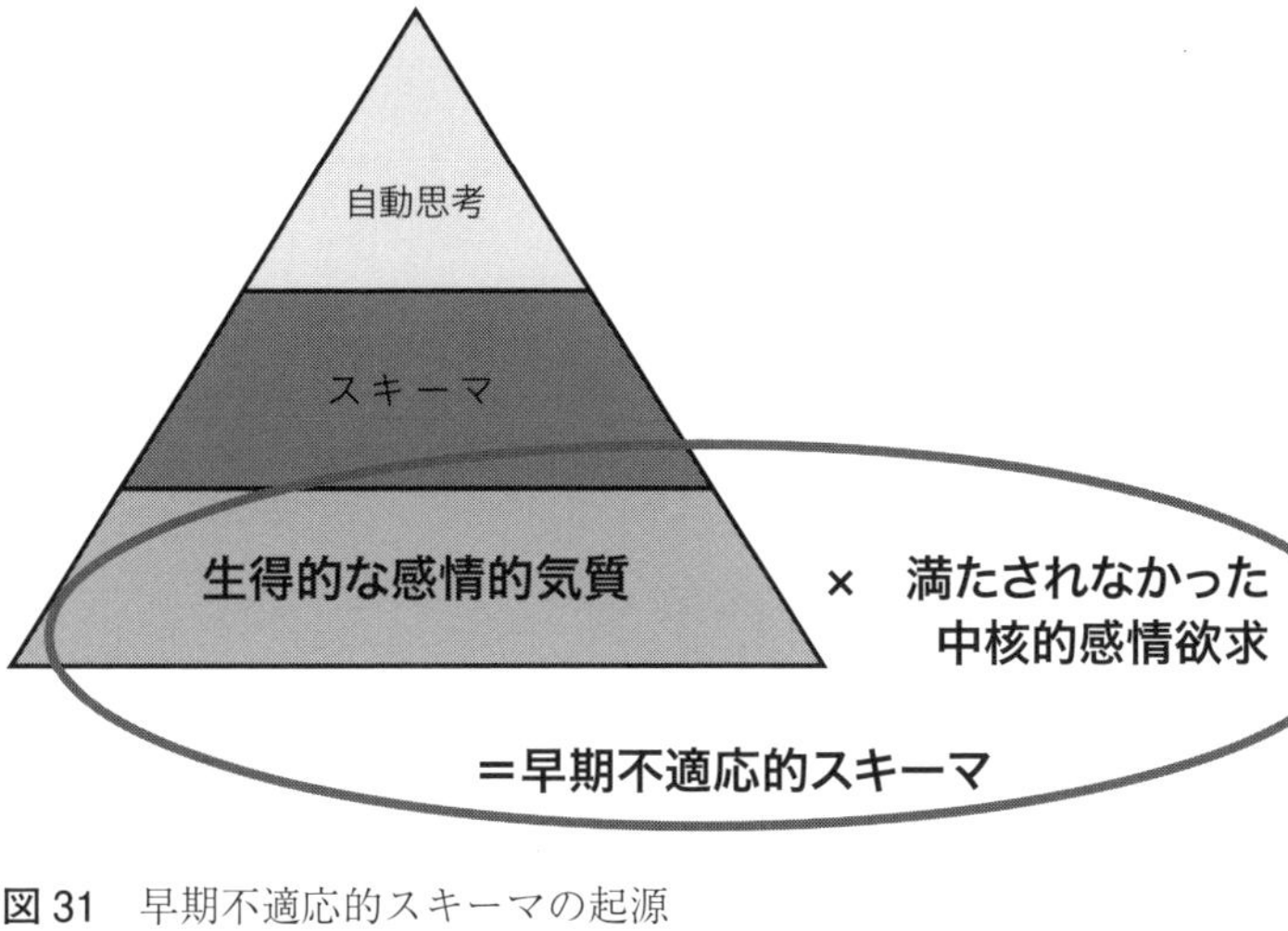

図 31　早期不適応的スキーマの起源

各早期不適応的スキーマが配置されているという感じです。たとえば「他者との安全なアタッチメント」という欲求が満たされなかったり損なわれたりすると「断絶と拒絶」という領域のスキーマが形成され，「自律性，有能性，自己同一性の感覚」という欲求が満たされないと，「自律性と行動の損傷」という領域のスキーマが形成される，という具合です。各領域にはそれぞれ複数の早期不適応的スキーマがぶら下がっています（図34）。今のところ全部で十八の早期不適応的スキーマが定式化されています。

生得的な感情気質		中核的感情欲求 (core emotional needs)
○不安定な⇔安定した ○不機嫌な⇔上機嫌な ○不安な⇔穏やかな ○没入した⇔注意散漫な ○受動的な⇔攻撃的な ○短気な⇔朗らかな ○内気な⇔社交的な ※Cloningerのパーソナリティ理論が使えるのでは？　TCIという優れた尺度もあるし……（伊藤の独り言）	×	1. 他者との安全なアタッチメント 2. 自律性, 有能性, 自己同一性の感覚 3. 正当な要求と感情を表現する自由 4. 自発性と遊びの感覚 5. 現実的な制約と自己制御

図32　早期不適応的スキーマの起源

○5つの中核的感情欲求が満たされないことによって, 次の5領域に損傷を受け, それが早期不適応的スキーマとなる。
○第1の領域：断絶と拒絶
（対応する感情的中核欲求→他者との安全なアタッチメント）
○第2の領域：自律性と行動の損傷
（同上→自律性, 有能性, 自己同一性の感覚）
○第3の領域：他者への追従
（同上→正当な要求と感情を表現する自由）
○第4の領域：過剰警戒と抑制
（同上→自発性と遊びの感覚）
○第5の領域：制約の欠如
（同上→現実的な制約と自己制御）

図33　5つのスキーマ領域（schema domains）

スキーマモード：スキーマ療法の新たなアプローチ

もう一つ「スキーマモード」という概念があります。モードとは、スキーマが活性化し、それにどう対応するかによって異なる「その時々の状態」のことです。スキーマが持続的な「特性 trait」で、モードはその時々の「状態 state」です。言ってみればモードはCBTの基本原則のところで示した「今・ここ here and now」のことなんです。スキーマ療法の中でもモードは比較的新しい概念です。もともとの理論には含まれておらず、二〇〇三年の「バイブル」で初めて登場しました。

なぜモードという概念が生まれたのか。当初は特にBPDを対象にスキーマ療法は構築されたのですが、BPDのクライアントは実に多くの早期不適応的スキーマをも持っているんですよね。これは実際にやってみると驚くほどたくさん持っている。十八個のスキーマのうち十五個とか十六個とかはざらにあります。さらに今日は詳しくは述べませんがスキーマに対するコーピングという概念があって、それはスキーマへの「服従」、スキーマの「回避」、スキーマへの「過剰補償」というものなのですが、同じスキーマでも服従か、回避か、過剰補償かで、その人のその時の状態は変わってしまうのです。なので目の前のクライアントを理解しようにも、たくさんのスキーマがあってそれに対するコーピン

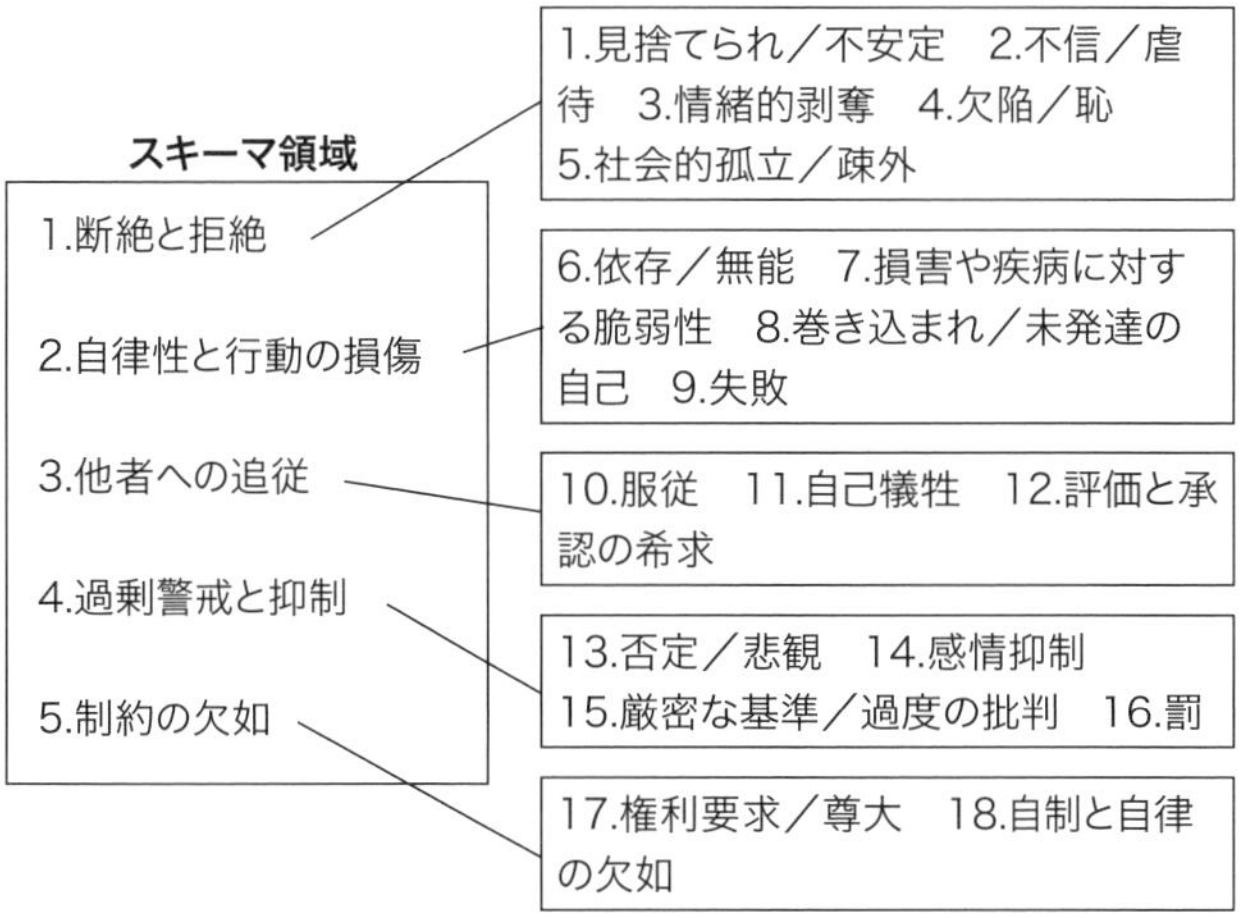
スキーマ領域
1.断絶と拒絶
2.自律性と行動の損傷
3.他者への追従
4.過剰警戒と抑制
5.制約の欠如
1.見捨てられ／不安定　2.不信／虐待　3.情緒的剥奪　4.欠陥／恥　5.社会的孤立／疎外
6.依存／無能　7.損害や疾病に対する脆弱性　8.巻き込まれ／未発達の自己　9.失敗
10.服従　11.自己犠牲　12.評価と承認の希求
13.否定／悲観　14.感情抑制　15.厳密な基準／過度の批判　16.罰
17.権利要求／尊大　18.自制と自律の欠如

図 34　18の早期不適応的スキーマ

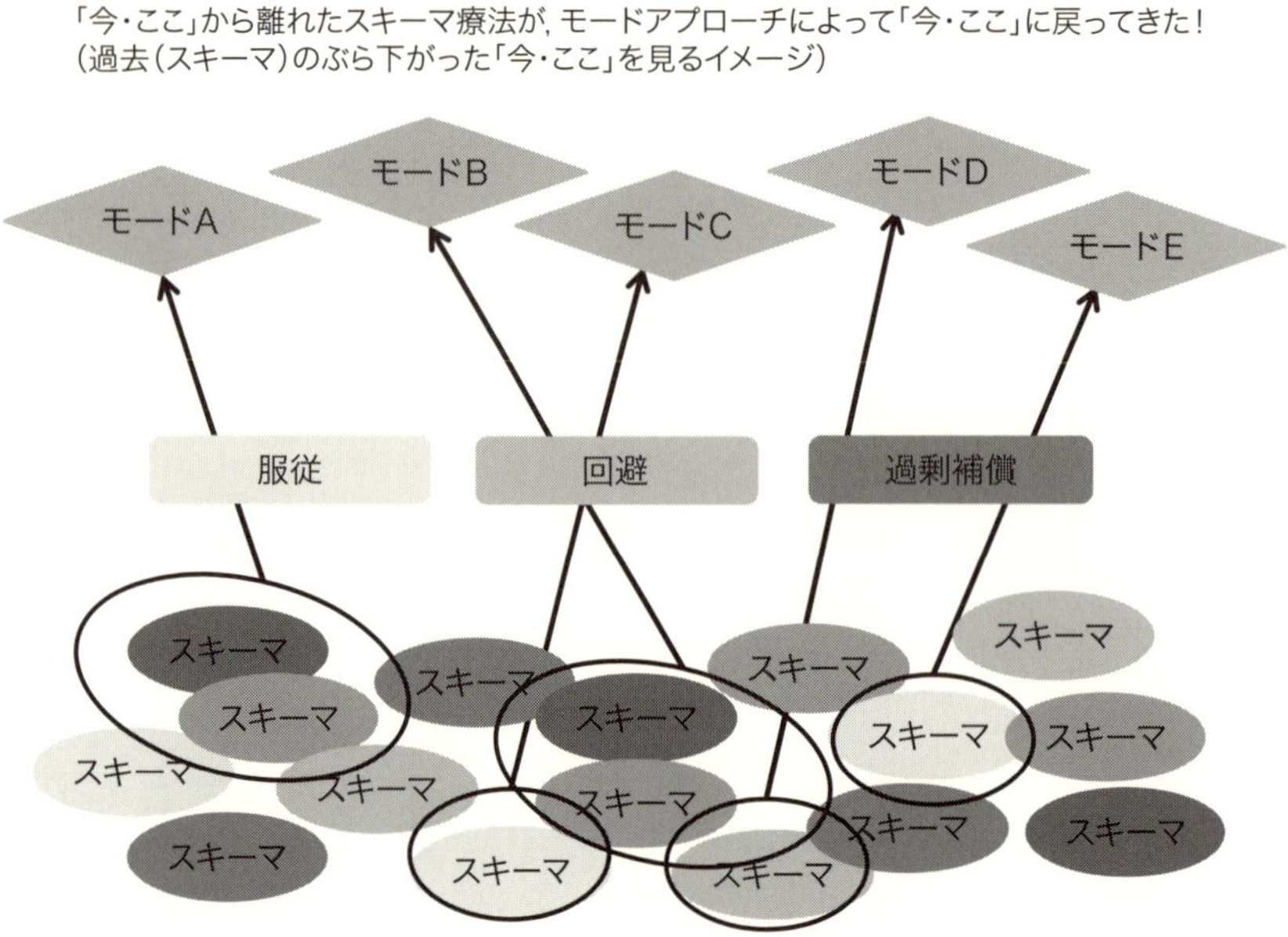
「今・ここ」から離れたスキーマ療法が，モードアプローチによって「今・ここ」に戻ってきた！
（過去（スキーマ）のぶら下がった「今・ここ」を見るイメージ）
モードA
モードB
モードC
モードD
モードE
服従
回避
過剰補償
スキーマ

図 35

1）チャイルドモード
　①脆弱なチャイルドモード　②怒れるチャイルドモード
　③衝動的・非自律的チャイルドモード
　④幸せなチャイルドモード
2）非機能的コーピングモード（※「不適応的」とも）
　⑤従順・服従モード　⑥遮断・防衛モード　⑦過剰補償モード
3）非機能的ペアレントモード
　⑧懲罰的ペアレントモード　⑨要求的ペアレントモード
4）ヘルシーアダルトモード
　⑩ヘルシーアダルトモード
※モードアプローチの目標は，その時々のモードを理解・自覚できるようになることと，ヘルシーアダルトモードを育て，強化すること，最終的にはクライアントが自らのヘルシーアダルトモードを通じて他のモードに適切に対応できるようになること。

図 36　10 のスキーマモード（2003 年の暫定版）

グも想定して……となると、話がめちゃめちゃ複雑になってしまうんですよね（図35）。そこでヤング先生はモードという概念を作り、少しシンプルな形で「今・ここ」にいるその人のその時々の状態を理解することにしました。もちろんそのときにもそのモードにぶら下がっているスキーマについて意識はします。「今・ここ」のCBTでは間に合わないということで作られたスキーマ療法が、「早期不適応的スキーマ」をぶら下げた形で、再び「今・ここ」に戻ってきたというのが非常に面白いです。

このスキーマモードという概念は今も展開中なのですが、ヤング先生の二〇〇三年の暫定版をお見せします（図36）。個別のモードというよりこの四つのカテゴリーで理解していただくとわかりやすいかと思います。一番目がチャイルドモード。その人の内なる子どものモードです。個別に見ていくと、一つ目が「脆弱なチャイルドモード」です。寂しかったり、悲しんでいたり、傷ついていたり、怯えていたりする小さな子どものモードです。次が「怒れるチャイルドモード」。中核的感情欲求を満たしてもらえずに怒っている子どものモードです。次が「衝動的・非自律的チャイルドモード」。これはきちんとしつけてもらえずに、やりたい放題になってしまっている子どもです。最後の「幸せなチャイルドモード」はヘルシーなモードです。のびのびと遊んでいたり、親に守られて安心したりしている、幸せな子どもです。

二番目の「非機能的コーピングモード」。これはさきほど少し述べたスキーマに対するコーピングに関するものです。スキーマに服従しまくれば「従順・服従モード」、スキーマが活性化しないよう回避しまくれば「遮断・防衛モード」、スキーマに過剰補償しまくれば「過剰補償モード」ということになります。

三番目は「非機能的ペアレントモード」。これは内在化された親の声です。懲罰的な親の声だったり、要求ばかりしてくる親の声だったりします。親だけでなく教師だったり祖父母だったりする場合もあります。

最後の「ヘルシーアダルトモード」は健全な大人のモードで、モードモデルにおけるスキーマ療法の目標はこのモードを育み、強化することです。「ヘルシーアダルトモード」は健全な自我機能のようなもので、このモードが「脆弱なチャイルドモード」を癒し、「怒れるチャイルドモード」の言い分を聞いてあげ、「衝動的・非自律的チャイルドモード」をしつけ、「幸せなチャイルドモード」に寄り添い、「非機能的コーピングモード」にお引き取り願い、「非機能的ペアレントモード」を撃退することができるようになると、クライアントが回復する、という考え方です。ＢＰＤのクライアントはこの「ヘルシーアダルトモード」が非常に弱いんです。ですからセラピストが最初はこのモードのモデルを示して、それを少しずつクライアントに内在化してもらうようにします。このモードの考え方は交流分析に非常に似ていますね。

スキーマ療法の四つの治療戦略（図37）

スキーマ療法には四つの治療戦略があります（図37）。ＣＢＴを拡張したものなので認知的技法と行動的技法はＣＢＴと全く同じです。プラス、体験的技法ないしは感情的技法というものが挙げられていますが、これはよりイメージや感情を喚起するような技法を多く用いるという意味です。ただし誤解してほしくないのは、ＣＢＴでも感情や体験は非常に重視するということです。スキーマ療法では過去の傷つき体験を扱うので、さらに感情や体験が強烈になるというふうに理解してください。

スキーマ療法ならではの治療戦略は四番目の治療関係にあります。ＣＢＴでも治療関係は重要ですが、それは先ほど述べた「協同的実証主義」という

1）認知的技法……CBTと同様。

2）体験的（感情的）技法……イメージ等による感情の喚起を強調。
※従来のCBTでもイメージや感情は重要だが，対象がスキーマであるだけに，より強烈な感情が喚起される。

3）行動的技法……CBTと同様。

4）治療関係の活用……「共感的直面化」と「治療的再養育法」の強調。
※従来のCBTにおける「協同的実証主義」「協同的問題解決」という関係性に，この2つが上乗せされる。ただしCBTでも「共感的直面化」は必須。スキーマ療法で一番ユニークなのは「治療的再養育法」。

図37　スキーマ療法の４つの治療戦略

関係性です。セラピストとクライアントがチームメンバー同士で対等な関係を作り、一緒に問題解決しようという関係性でした。一方でスキーマ療法では「治療的再養育法」という関係を作ります。セラピストは対等なメンバーではなく「親」的な立場を取り、養育的にクライアントに関わります。そしてクライアントの内なる「傷ついた子ども」を育んだり、クライアントを傷つける「懲罰的な親」を撃退したり、「ヘルシーアダルトモード」の見本を見せたりすることで、クライアントが再養育されるように関わっていくのです。

「治療的再養育法」について

治療的再養育法はもともとの用語は「limited reparenting」です。この用語こそ翻訳で一番悩みました。Limited は直訳すれば「制限された」ですから、言葉だけを正確に訳せば「制限された再養育法」ということになります。が、この limited は実際には「治療的な制約」のことを指しています。セラピストは治療という制約のある環境の中で精一杯クライアントの親になる、というイメージです。当然のことながらクライアントの本物の親になることはできません。一緒に暮らすこともできないし、出かけることもできません。だけれども、治療セッションという非常に限られた空間と時間の中で、精一杯クライアントのママとして、時にはパパとして、養育的に関わっていくという意味なんです。だからここは思いきって意訳することにして「治療的再養育法」と訳しました。今ではそれでよかったかな、と思っています。

重要なのはスキーマ療法に入るときに、治療的再養育法についてもきちんと心理教育をするということです。セラピストがどういう気持ちでどのように関わるのか、ということを予めきちんと伝えておくことが必要です。「スキーマ療法では、セッションの中で、私はあなたのママになったりパパになったりする。そういう気持ちで接していくからね。それを〝治療的再養育法〟って言うのよ」ということをちゃんと説明した上で、養育的に関わっていきます。

モードモデルの用語を使うと、セラピストはヘルシーな親としてクライアントに接する。そしてそれはそのまま「ヘルシーアダルトモード」のモデルとして機能する。クライアントはヘルシーな親に癒されたりしつけられたりしながら一方で「ヘルシーアダルトモード」のモデルを自分の中に取り込んでいく。これは実際にやってみて非常に手ごたえを感じています。

一つ例を挙げましょう。クライアントが涙や鼻水を流したときのティッシュの出し方です。CBTのセッションの場合、クライアントが涙や鼻水を流したら、私はティッシュを箱ごとクライアントに差し出します。そして使い終わったティッシュは、今度はゴミ箱を差しだしてそこに捨ててもらいます。一方スキーマ療法の治療的再養育法の場合、ティッシュの箱ではなく、私が直接ティッシュを取ってそれをクライアントに直に手渡しします。だって親だったら泣いている子どもにそうするでしょう？　そして涙と鼻水でぐちゃぐちゃになったティッシュを私が直接素手で受け取って、私がゴミ箱に捨てます。どうってことのないような違いに見えるかもしれませんが、こういった違いが実は大きいのではないかと考えています。こういった小さな再養育的な関わりがクライアントに響いているのではないかと思うのです。

- ○セッションや全体の流れが構造化されている。
- ○クライアント自身のセルフヘルプを目指す。
- ○心理教育を重視する。
- ○セラピストが自己開示する。
- ○ツール等を用いてどんどん外在化する。
- ○コミュニケーションが双方向的である。
- ○「状況－認知－気分・感情－身体－行動」という循環モデルに基づく。
- ○エビデンスベーストである。
- ○ケースフォーミュレーションを行い，個々のケースに合わせてカスタマイズする。
- ○ホームワークを出して，クライアントの日常生活での般化を目指す。

図38　標準的なCBTとスキーマ療法の共通点

標準的なCBTとスキーマ療法の共通点（図38）

さて今日はCBTの話をしろということで私は呼ばれているので、CBTに話を戻しましょう。標準的なCBTとスキーマ療法の共通点をお示しします（図38）。スキーマ療法はCBTの発展型ですから共通点がたくさんあるのは当然です。構造化されていますし、最終的にはクライアント自身のセルフヘルプを目指します。心理教育をしっかりとしますし、CBTでもスキーマ療法でもセラピストは自己開示をかなりします。ツールも使いますし、双方向的なやりとりをするという意味でも同じです。循環的なモデルを使うというのも同じですし、エビデンスベーストという意味でも全く同じです。ケースフォーミュレーションが重要なのも同じですし、ホームワーク課題をしっかりと出す、というのも同じです。スキーマ療法はあくまでもCBT系のセラピーなんです。

標準的なCBTとスキーマ療法の相違点（スキーマ療法ならではの特徴）（図39）

一方で相違点というか、スキーマ療法ならではの特徴もいくつかあります（図39）。一番の違いは、幼少期の体験を重視するということと治療的再養育法という治療関係の二つでしょう。またCBTが比較的短期のセラピーだとすると、スキーマ療法は最初から長期の治療過

○幼少期の体験を重視する。
○治療的再養育法という治療関係を形成する。
○体験的・感情的・イメージ技法を多用する。
○最初から長期的な治療過程を想定する。
○スキーマ療法に特有の，数々の「スキーマ用語」を用いる。
○そもそもCBTとは別に，「スキーマ療法」という名前がついている。
※CBTのエッセンスを全て引き継いだ上で，スキーマ療法が展開している。
※よくある質問「ジュディス・ベック（2005）のアプローチと何が違うか？」
→内容的にはさほど違わない。「スキーマ療法」と名前がつき，オリジナルなスキーマ用語があることで，セラピストとクライアントに「気合い」が入り，モチベーションが上がることが大きいのではないか。

図39　標準的なCBTとスキーマ療法の相違点（スキーマ療法ならではの特徴）

程を想定することが多いので、それも相違点になるでしょう。

私が一番大きいなと思っているのは、「スキーマ療法」という名前がついていることです。名づけってすごく重要なんです。アーロン・ベックの娘のジュディス・ベックというCBTの第一人者が『認知療法実践ガイド・困難事例編』（星和書店）という本を出していて、私もその翻訳に関わったのですが、この本は主にBPDに対して自動思考レベルではなくスキーマレベルでCBTをどう使うか、という本です。そしてこの本とスキーマ療法の違いは何か？と訊かれると、実は「そんなに違わない」ということになってしまいます。ヤング自身もそう言っています。しかしスキーマ療法には「スキーマ療法」という新たな名前がついており、スキーマ療法ならではの独特の概念がある。CBTをやってきたクライアントに、回復をさらに進めるべくスキーマ療法を紹介する際に、「スキーマ療法という新たなアプローチがあるんだけど」と切り出せる、というのはお互いに非常に気持ちが新鮮になるというか、「そうか、スキーマ療法か、頑張ろう！」と気合いが入るというか、名前がついていることで導入しやすくなることは確かです。

CBTの適用の広がり

さてスキーマ療法の話はこのぐらいにしておいて、CBTそれ自体の話をしましょう。CBTが今どんなところでどんなふうに使われているかという話です。現在、CBTの適用はものすごく広がっています。CBTはツールだと私は考えています。ツールだからこそいろいろな現場で上手に使ってもらえばいいんです。

私自身の活動で言うと、ふだんのカウンセリングの現場だけでなく、企業でメンタルヘルスに関する仕事もしていますが、そこでも研修やコンサルテーションでCBTをツールとして活用しています。性犯罪の加害者プログラムにも関わっていますが、そこでも再犯予防にCBTを使っています。時々刑務所に行って、そこでは性犯罪だけでなくたとえば殺人をした人などへのプログラムに関わる場合があるのですが、そこでもCBTがツールとして使われています。病気の再発予防ではなく、事件の再犯予防ですね。新たな被害者を生みださないという意味で、再犯予防は非常に重要で、それにCBTを使ってもらえるというのは私としては非常に嬉しいです。

あとで少しだけ紹介しますが、現在「ローズカフェ・プロジェクト」というプロジェクトを展開中で、これは覚せい剤で捕まって刑務所から出てきたばかりの女性当事者に対する社会復帰支援と薬物依存からの回復支援で、ここでもCBTを中心としたプログラムを組んでいます。また今はそうでもないですが、一時期禁煙外来をやっているお医者さんたちとよく一緒に仕事をしていました。禁煙のサポートにCBTを使おうという試みです。それから対面のセラピーではなくWebとかSkypeを使ったカウンセリングサービスにCBTを使ってみようという試みもあり、ちょっとばかり私も関わっています。こんな感じでCBTの適用は節操なく広がっているんです。というより私に節操がないだけなのかもしれませんが。

一同：（笑）

伊藤：でもほんとにいろんな広がりがあるなっていうふうに感じます。

性犯罪処遇へのCBTの適用

性犯罪処遇にCBTをどう使うか、その一端をお示ししましょう。性犯罪の場合は、自分がどういうふうにして事件を起こしたのか、ということをCBTの基本モデル（図40）を使いながら理解していくことが重要です。結局は気づきと理解が重要だ、という意味では治療的なCBTと全く変わりません。モデルに基づき、日常のストレス、ためこみ、引き金、事件、事件を起こした後、という流れで悪循環を見ていきます。

アセスメントの例　日常のストレス

架空の例を挙げます。日常のストレスとしては、収入が減って、妻から責められ、「俺のせいじゃないのに」「うるせえな」といった自動思考が生じ、気分・感情としてはイライラや不満、身体反応としてはソワソワと落ち着かなくなり、行動としては妻を無視して酒を飲んでごまかします（図41）。

次の「ためこみ」の段階では、妻と没交渉になってセックスもなくなり、「どこにも居場所がない」といった自動思考が生じ、気分的にはイライラや不安が募り、身体的には性的な欲求不満に陥り、アダルトビデオを見るという行動で不安や不満を紛らわせます（図42）。そしてそれがだんだんエスカレートして、強姦もののビデオなどを見るようになり、夜道で一人で歩いている女性を見ると、「ビデオと同じことがやれるんじゃないか」という自動思考が生じるようになり、最終的には事件を起こしてしまうのです（図42～45）。

「やれるんじゃないか」という自動思考が、実際に事件という形で行動化できてしまうと、「意外にあっ

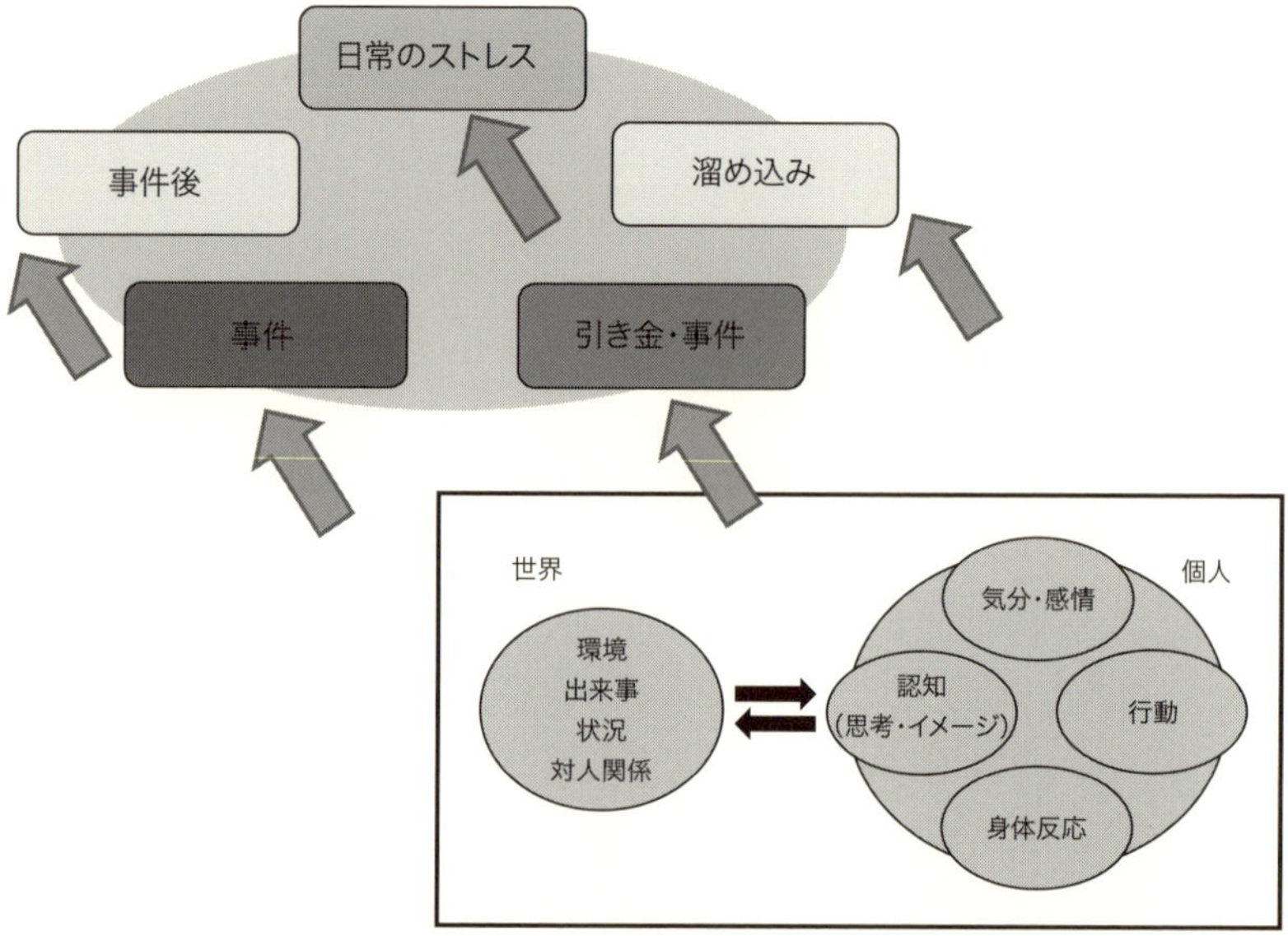

図 40　サイクル図にCBTの基本モデルを適用する

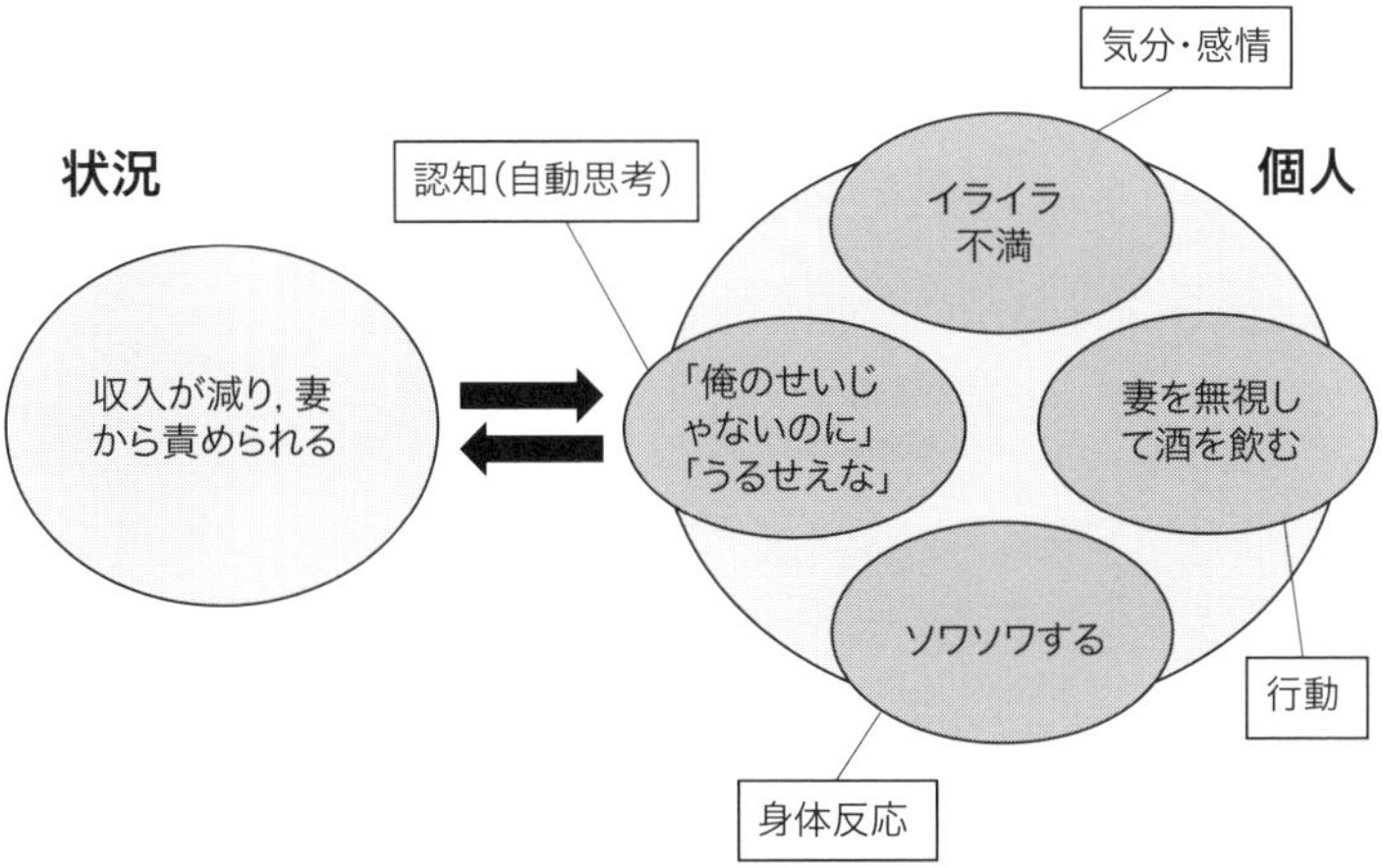
気分・感情
状況
認知(自動思考)
個人
イライラ
不満
収入が減り，妻
から責められる
「俺のせいじ
ゃないのに」
「うるせえな」
妻を無視し
て酒を飲む
ソワソワする
行動
身体反応

図 41　アセスメントの例　日常のストレス

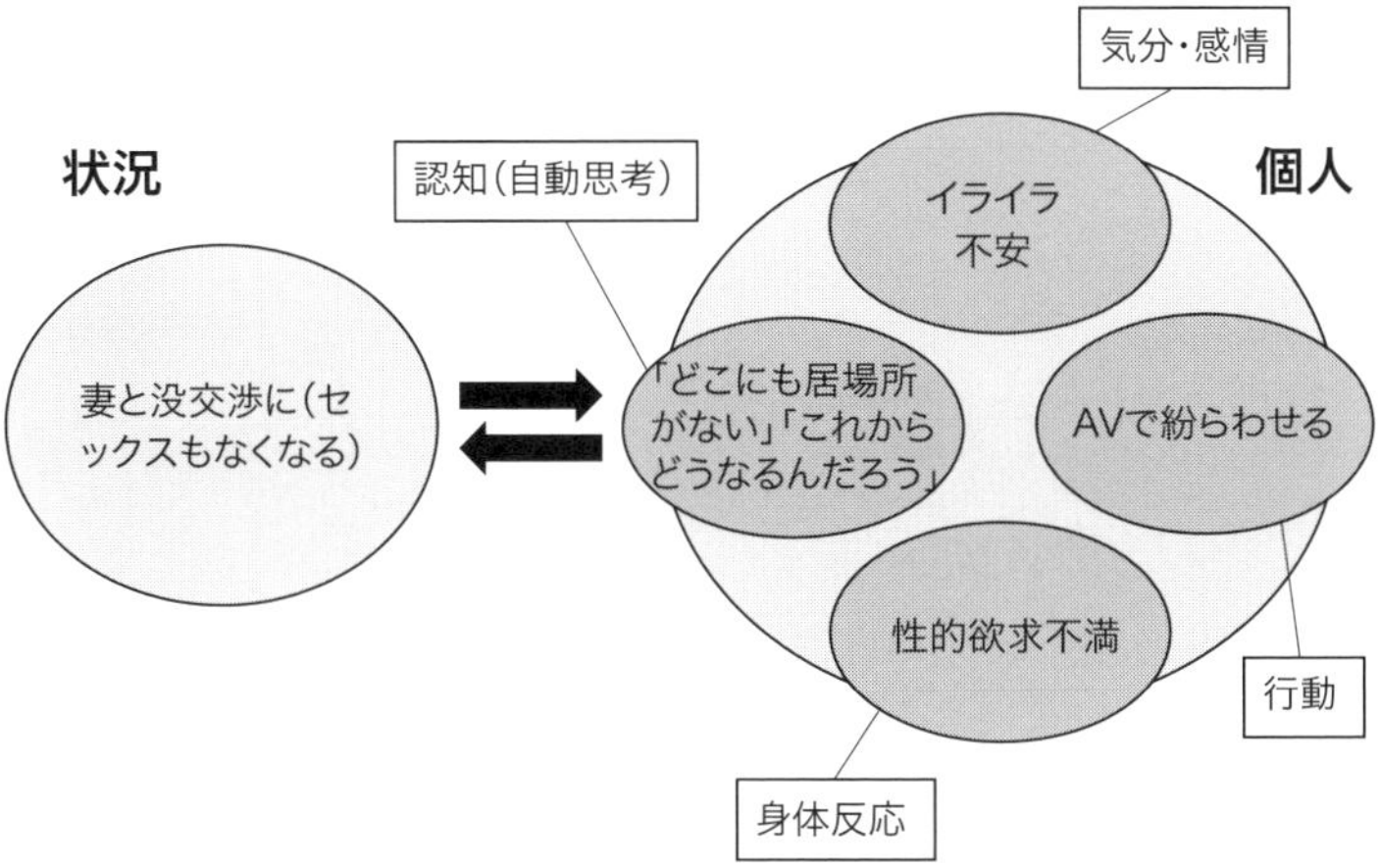
気分・感情
状況
認知(自動思考)
個人
イライラ
不安
妻と没交渉に(セ
ックスもなくなる)
「どこにも居場所
がない」「これから
どうなるんだろう」
AVで紛らわせる
性的欲求不満
行動
身体反応

図 42　アセスメントの例　ためこみ

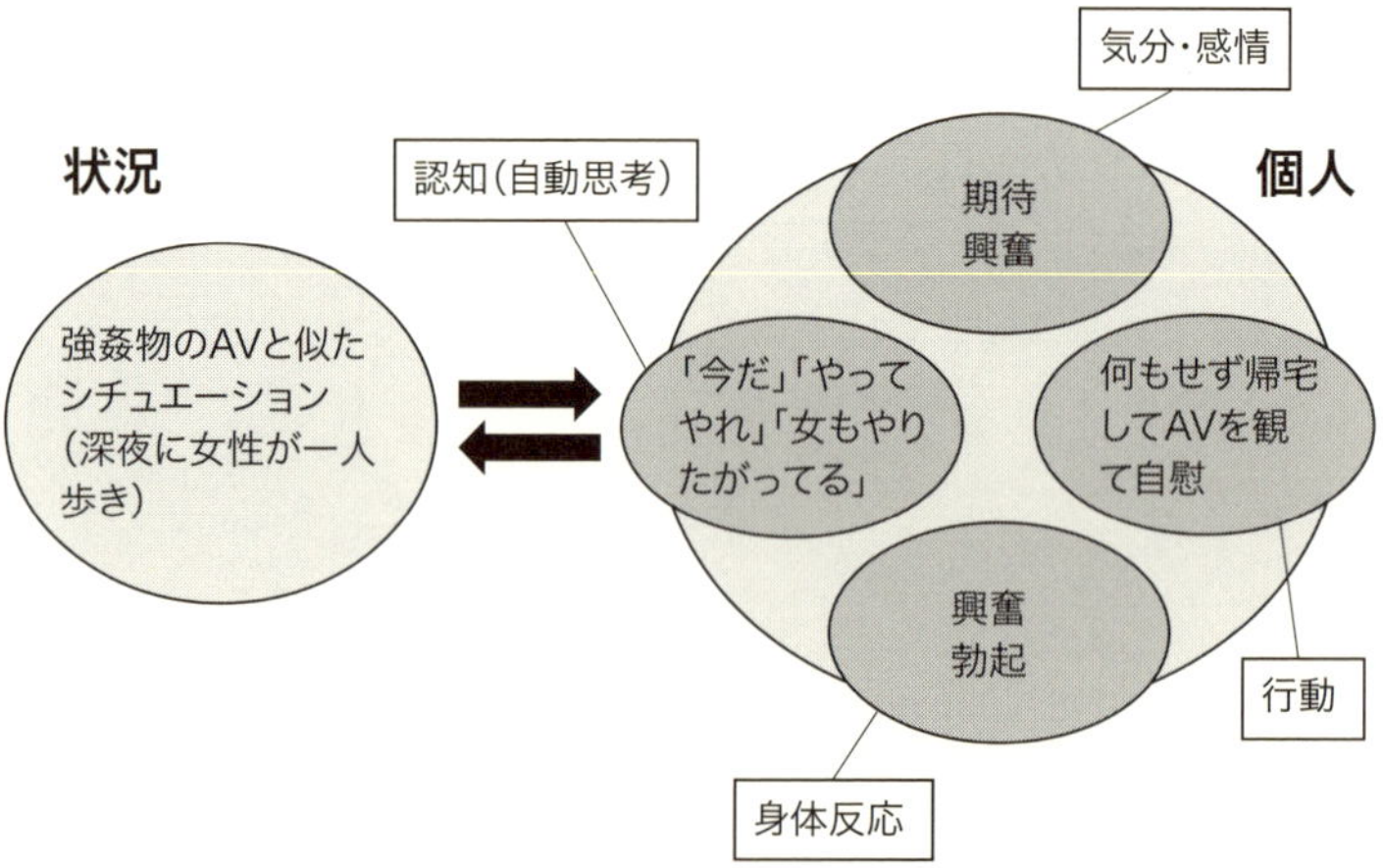

図 43　アセスメントの例　ためこみ その２

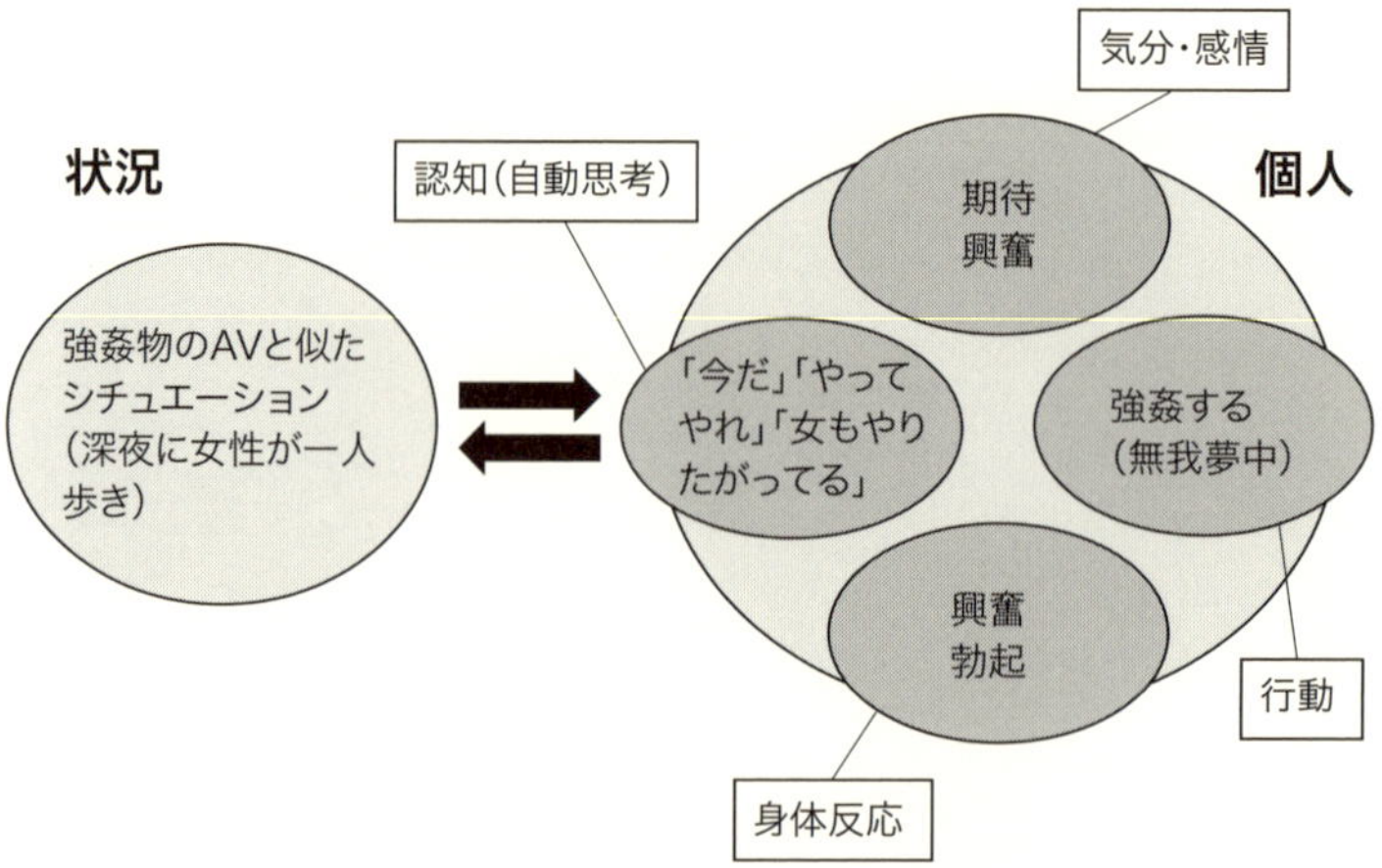

図 44　アセスメントの例　引き金・事件

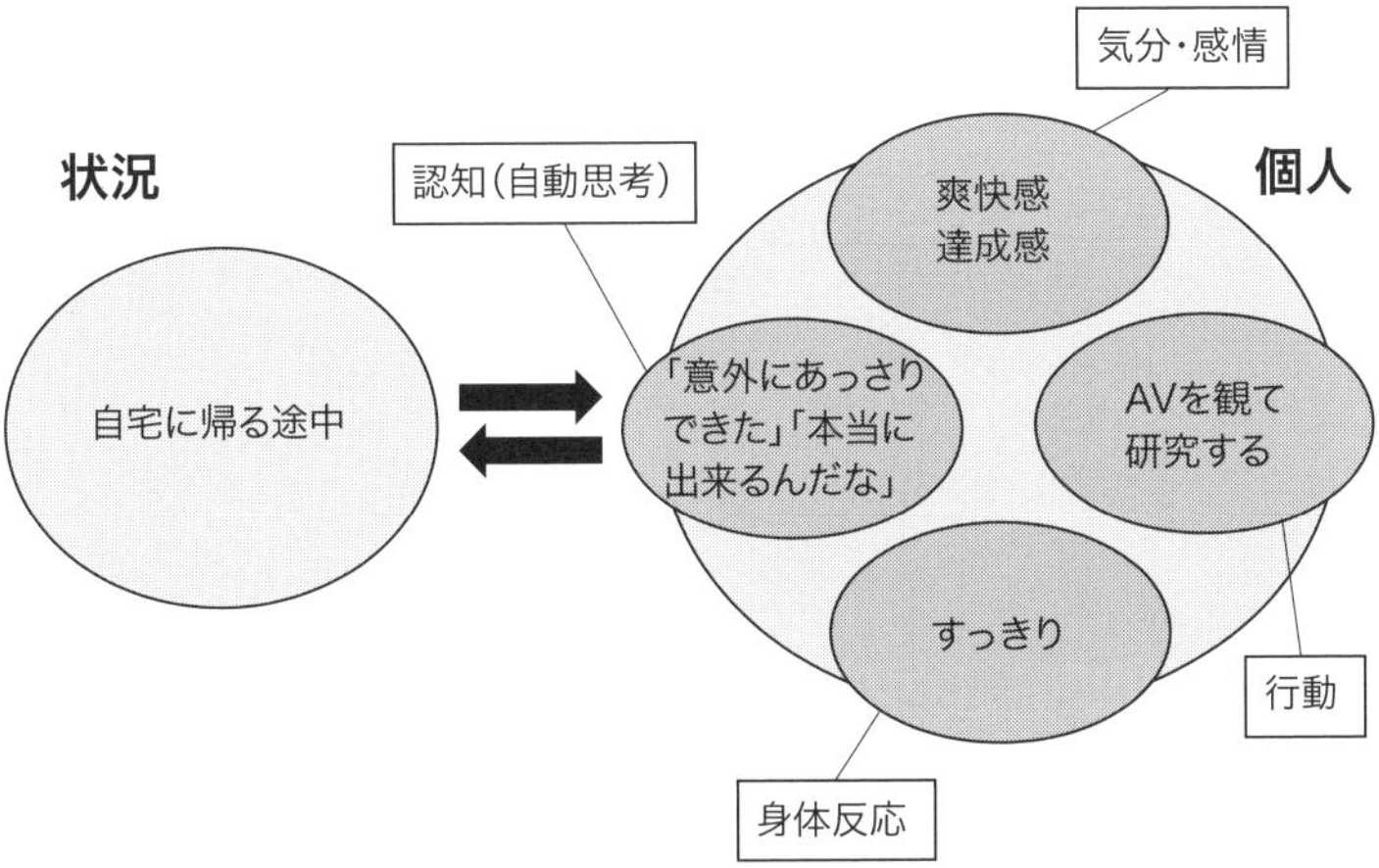

図 45　アセスメントの例　事件後

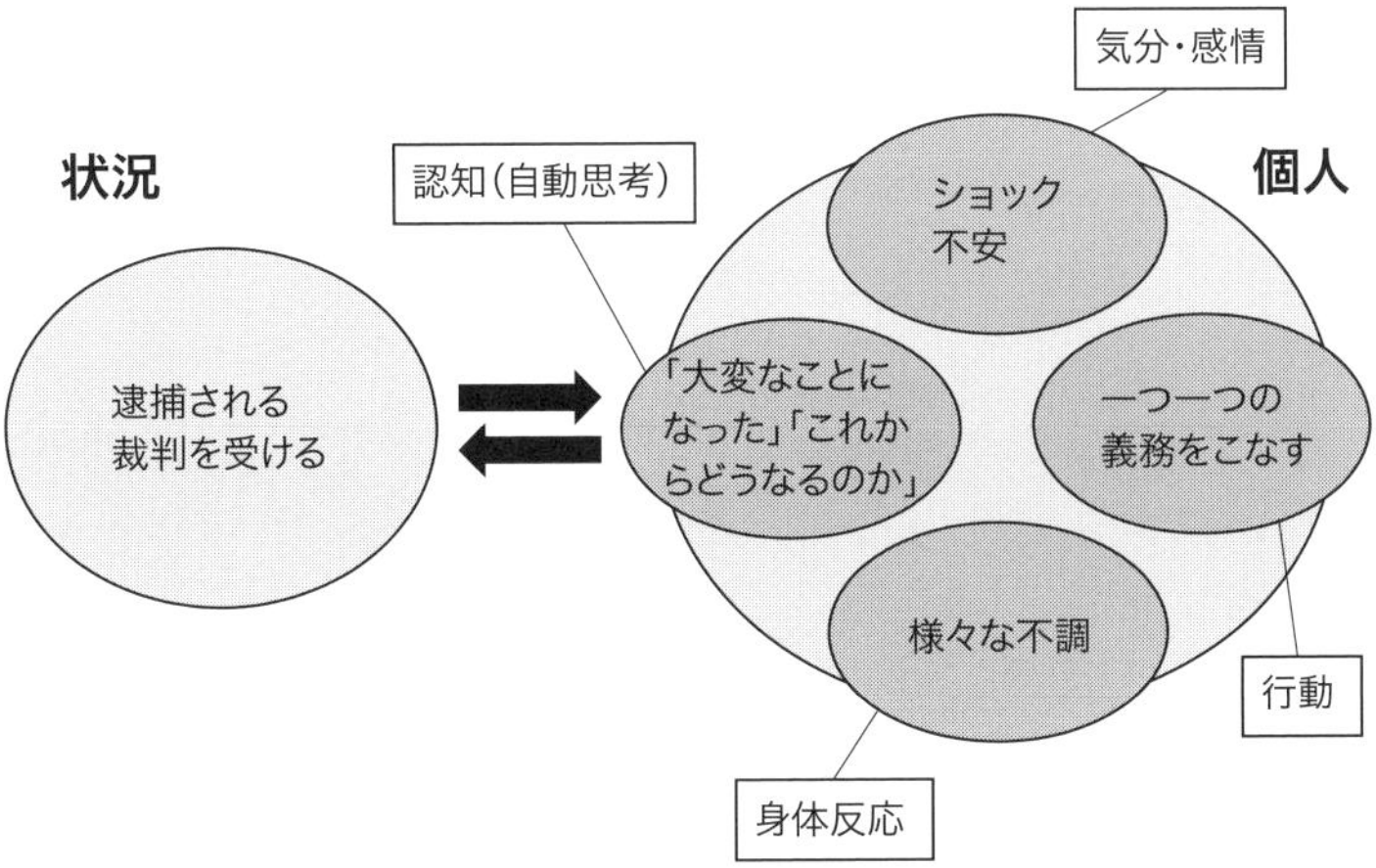

図 46　アセスメントの例　逮捕・裁判にて

さりとできた」「本当にできるんだな」という自動思考に転じ、研究し始めます。性犯罪者の人は結構研究熱心な人が多いんです。「もっといいやり方があるんじゃないか」「もっと簡単にできるんじゃないか」というふうに研究し、実行に移します。ただ、そんなことを続けていればいつかは捕まります。逮捕されて刑務所や保護観察所でＣＢＴを受ける羽目になり、こうやってモデルを使って自分のやったことを振り返って理解するということをします。

　性犯罪のＣＢＴに関わるようになって面白いなと思ったのは、最初は皆、しぶしぶなんですね。強制的なプログラムですから。保護観察所だと仮釈放や執行猶予の条件としてプログラムがもれなく付いてくるわけです。だから最初は皆さん、結構ふてくされているんです。「認知行動療法？　何それ？　オレ、認知症じゃねえし」というところから始まります（図46、図47）。

　ですから、認知症と認知行動療法は関係がないこと、認知行動療法はストレスと上手に付き合うための手法であることを説明します。そもそも事件を起こす人ってよくこう言いますよね。「むしゃくしゃしてやった」。皆さん本当によくそう言います。だから「だってあなた、むしゃくしゃして事件を起こしたって言っていたじゃない？　むしゃくしゃってストレスのことでし

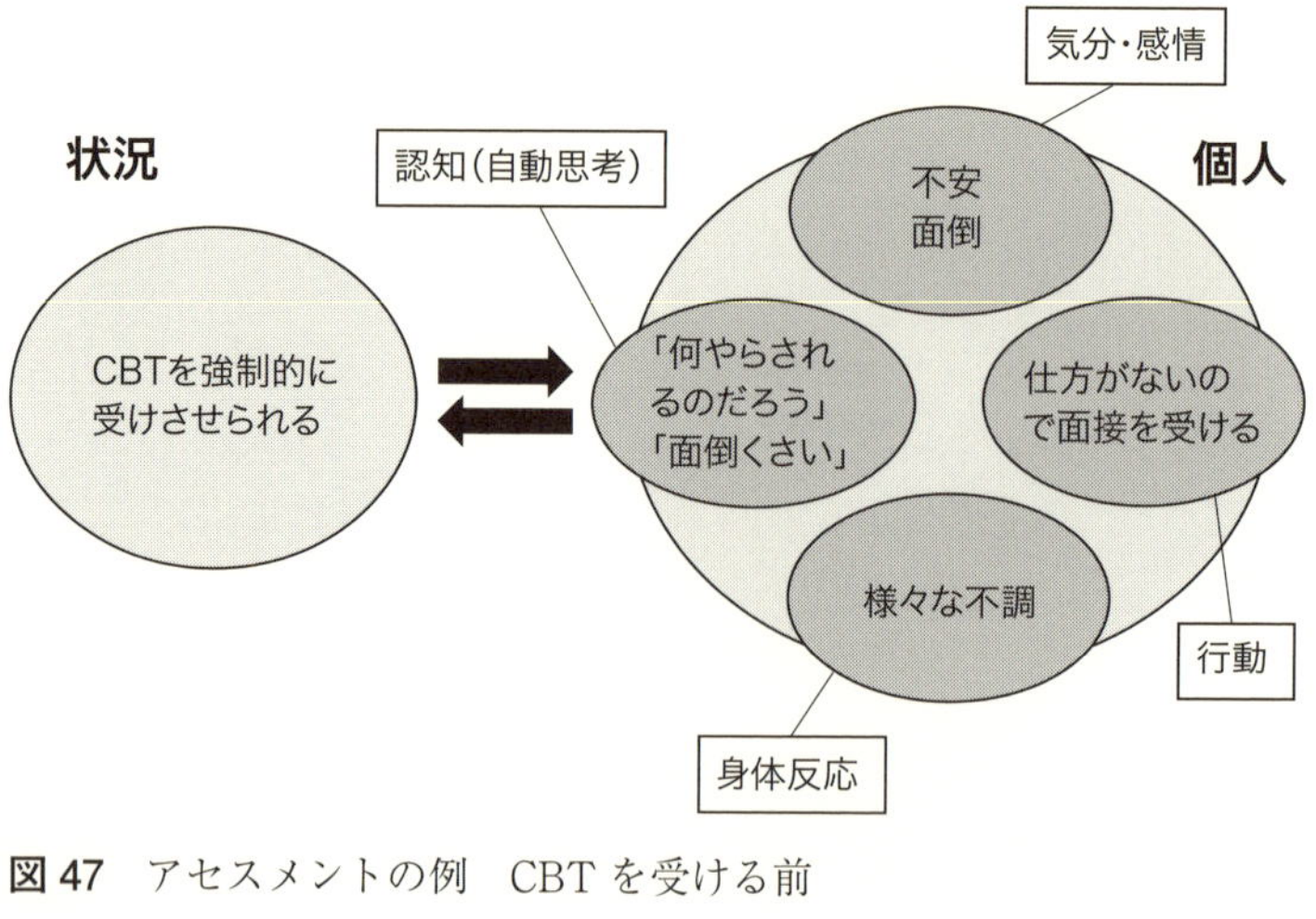

図 47　アセスメントの例　CBT を受ける前

ょう？　ストレスから事件を起こして今回みたいに捕まって刑務所に行くのは嫌でしょう？　そうならないために、認知行動療法を学んでストレスとの上手な付き合い方を身につけましょうよ。私だって普段自分のために使っているのよ」という持っていき方をすると、「なるほど、受けてやってもいいかな」ぐらいにはなってきます。そしてプログラムを受け続ける中で、「結構役に立つな」と思ってもらえればいいんです。最初はふてくされまくっていた人が、プログラムでノリノリになってくるのを見るのは非常に興味深いです。

「ローズカフェ・プロジェクト」について

最後にさきほどちらっとお話した「ローズカフェ・プロジェクト」について少し紹介して終わりにします。覚せい剤使用で捕まって刑務所に入っていた女性で、出所後の仮釈放の間に更生保護施設で暮らす人たちがいます。その人たちを対象としたプログラムです。代々木にある両全会という施設に私たちが出向く形で、つまりアウトリーチでＣＢＴを中心としたプログラムを届けています。覚せい剤は違法薬物だから使ったのがばれちゃうと刑務所に行くことになりますが、彼女たちは犯罪者というより薬物依存症の当事者です。ですから依存症からの回復支援をしてほしいということでプロジェクトが始まりました。女性のプログラムなのでロゴを作ったり（図48）、キラキラグッズを作ったりして当事者のモチベーションを上げる工夫をいろいろと

ROSE CAFE
両全会の「R」
・・・バラの花の中
洗足ストレスコーピング・
サポートオフィスの「S」
・・・マグカップの取っ手部分
千葉大学の「C」
・・・バラの花びら

図48　ロゴの秘密

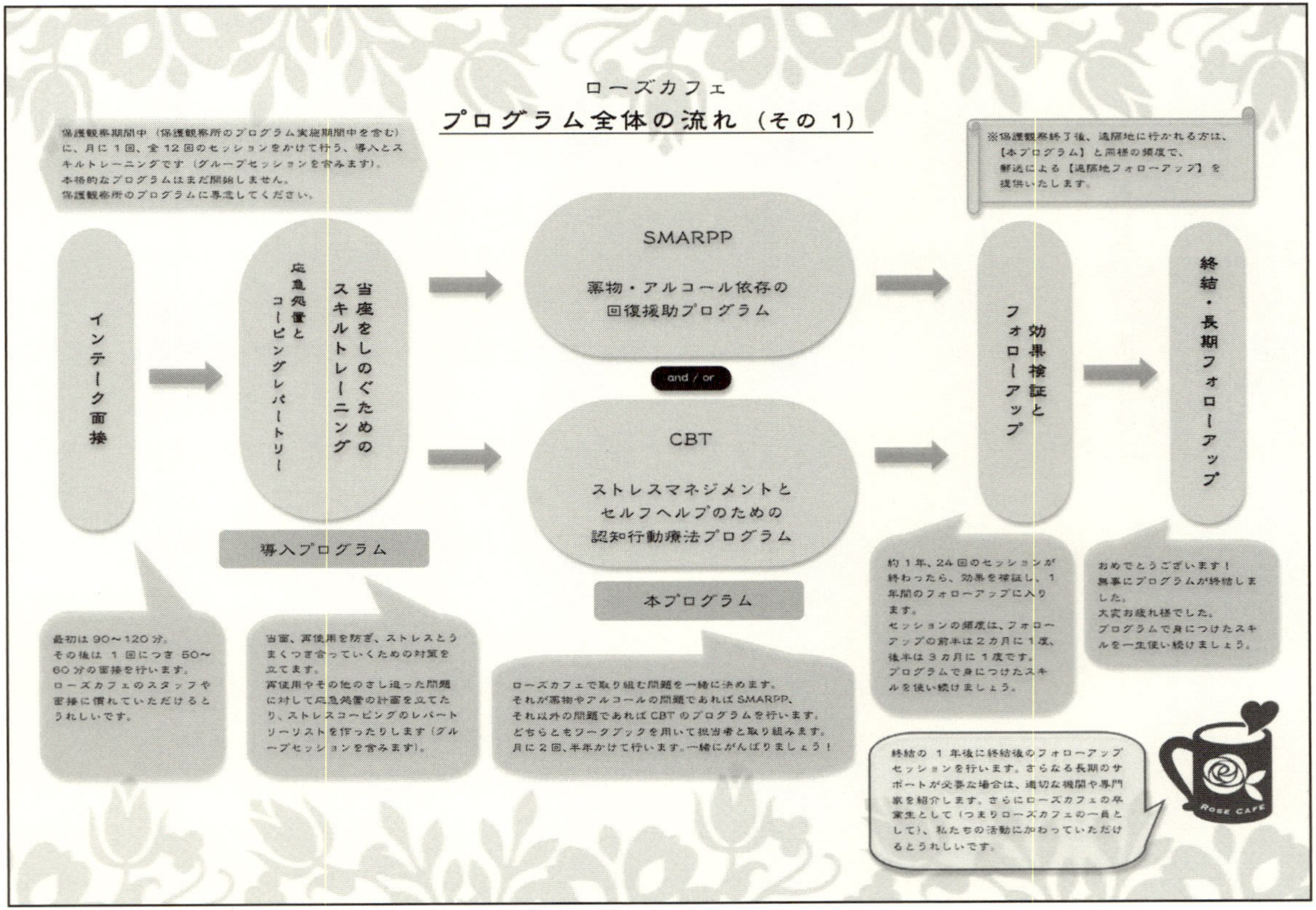
ローズカフェ
プログラム全体の流れ（その 1）
保護観察期間中（保護観察所のプログラム実施期間中を含む）に、月に 1 回、全 12 回のセッションをかけて行う、導入とスキルトレーニングです（グループセッションを含みます）。本格的なプログラムはまだ開始しません。保護観察所のプログラムに専念してください。
インテーク面接
当座をしのぐためのスキルトレーニング
応急処置とコーピングレパートリー
導入プログラム
最初は 90〜120 分。その後は 1 回につき 50〜60 分の面接を行います。ローズカフェのスタッフや面接に慣れていただけるとうれしいです。
当面、再使用を防ぎ、ストレスとうまくつき合っていくための対策を立てます。再使用やその他のさし迫った問題に対して応急処置の計画を立てたり、ストレスコーピングのレパートリーリストを作ったりします（グループセッションを含みます）。
SMARPP
薬物・アルコール依存の回復援助プログラム
and / or
CBT
ストレスマネジメントとセルフヘルプのための認知行動療法プログラム
本プログラム
ローズカフェで取り組む問題を一緒に決めます。それが薬物やアルコールの問題であれば SMARPP、それ以外の問題であれば CBT のプログラムを行います。どちらともワークブックを用いて担当者と取り組みます。月に 2 回、半年かけて行います。一緒にがんばりましょう！
※保護観察終了後、遠隔地に行かれる方は、【本プログラム】と同様の頻度で、郵送による【遠隔地フォローアップ】を提供いたします。
効果検証とフォローアップ
終結・長期フォローアップ
約 1 年、24 回のセッションが終わったら、効果を検証し、1 年間のフォローアップに入ります。セッションの頻度は、フォローアップの前半は 2 カ月に 1 度、後半は 3 カ月に 1 度です。プログラムで身につけたスキルを使い続けましょう。
おめでとうございます！無事にプログラムが終結しました。大変お疲れ様でした。プログラムで身につけたスキルを一生使い続けましょう。
終結の 1 年後に終結後のフォローアップセッションを行います。さらなる長期のサポートが必要な場合は、適切な機関や専門家を紹介します。さらにローズカフェの卒業生として（つまりローズカフェの一員として）、私たちの活動に加わっていただけるとうれしいです。
ROSE CAFE

図 49　ローズカフェ　プログラム全体の流れ（その 1）

ローズカフェ
プログラム全体の流れ（その2）
セッションを実施する回数と期間および頻度
インテーク面接
導入プログラム
本プログラム
第1フォローアップ
第2フォローアップ
終結後フォローアップ
6ヶ月
6ヶ月
6ヶ月
6ヶ月
12ヶ月
セルフチェック
月に2回 計12セッション
※グループセッションを含む
月に2回 計12セッション
2ヶ月に1回 計3セッション
3ヶ月に1回 計2セッション
終結後 フォローアップセッション（1回）
長期フォローアップ
全24セッション（ここまでで1年）
全27セッション（ここまでで1年6ヶ月）
全29セッション（ここまでで2年）
全30セッション（ここまでで3年）
※保護観察終了後、遠隔地に行かれる方は、【本プログラム】と同様の頻度で、郵送による【遠隔地フォローアップ】を提供いたします。
ROSE CAFE
●必要に応じて臨時のブースターセッションを実施
●継続的な援助が必要なケースは、本人負担で外部相談機関を紹介
●ゆくゆくは卒業生の自助グループを作る
●ゆくゆくは卒業生や当事者が集うことのできる本物のカフェを作りたい

図50　ローズカフェ　プログラム全体の流れ（その2）

しています。

　これはよく言われていることですが、女性の薬物依存者は、単なる物質依存というよりは、もともと自分の感情に気づいてそれを大事にするとか、自らの自動思考に気づくとか、そういったことが苦手な人が多いんです。ちょっとストレスを感じるとすぐに薬を使っちゃおうということになりがちなんです。ですからやはり最初はモニターの練習をして、心身の状態に気づき、それを言葉にすることから始めています。

プログラムの流れ

　こういう流れ（図49、50）でプログラムがあります。インテーク面接を何回かやって、仮釈放が終わって本格的に社会復帰したときに覚せい剤の再使用のリスクが高まるので、それをしのぐためのコーピングシートを作って、その後、本格的にCBTを学んでもらい、フォローアップするという流れで、全部で三年間のプログラムです。今は、三年前にプログラムを開始した

図51　ローズカフェ キラキラグッズ

ので、もうそろそろ卒業生が出てくるかな、という段階に来ています。

図51にあるのが、さきほど言ったキラキラツールです。当事者のお名前シールを作ったり、再使用の有無でローズカフェのロゴが入った白シール（再使用なし）や赤シール（再使用あり）を用紙に貼ってもらったり、イラスト入りのＣＢＴの説明冊子を作ったり、ローズカフェの当事者は女子力が高い人が多いので、その人たちに喜んでもらえるようなプログラムやツールを目指しています。実際、なかなか評判がいいです。「きゃー！　かわいい！」といった感じで。

まとめと今後の展望

時間が来ますのでまとめに入ります。確かにＣＢＴはエビデンスベーストのセラピーで、世界中でＲＣＴを始めとした実証研究が行われており、今後もそういうアカデミックな世界で着々とデータを集めながら展開していくことだろうと思います。

日本でもうつ病のＣＢＴは医師に限って保険点数が認められましたね。これが今後広がってナースやその他のコメディカルがチーム医療をする際にも保険点数がつくようになるだろうと言われています。保険制度に組み込まれるのであれば、専門家はきちんと研修やスーパービジョンを受けましょうとのことで、トレーニングの制度も徐々に整うのではないかと思います。

私自身はＣＢＴのエビデンスについては他のいろいろな人が研究をしているので自分がやろうとは思わないのですが、スキーマ療法については効果研究、できればＲＣＴをやってみたいと考えています。ただ一方で、エビデンスとかそういうことから離れて、純粋にＣＢＴやスキーマ療法は本当に面白いなあという実感があり、その面白さを追求していきたいと考えています。マインドフルネスとか新しい技法を身につけるのはとても楽しいですし、仲間と勉強するのも楽しいです。クライアントにＣＢＴのさまざまな技法を紹介して一緒に練習するのも楽しいです。なのでエビデンスとか実証研究とか正規の訓練とかそういうことではなく、実践的そして実用的なツールとしてＣＢＴやスキーマ療法を使い続けたいですし、そういうものとして世に広めていきたいと思います。ご清聴ありがとうございました。

司会（深津）：ありがとうございました。伊藤先生が非常にアクティブな実践をされているのに圧倒されました。伊藤先生は「アウェイ」と仰いましたけど、たぶんこの中には精神分析的な心理療法をやってる方と、おそらくＣＢＴとかスキーマ療法をやってらっしゃる方もいらっしゃるんじゃないかと思います。スキーマ療法になるとかなり精神分析ともつながるような考え方の基本もあるように思います。この後のディスカッションを楽しみにしております。先生どうもありがとうございました。

それでは藤山先生お願いします。

精神分析からみた認知行動療法

私のCBTというものに対する感覚

藤山：えーとあの、今日はどちらかというと経験の浅い人が多いのかなあという感じがしてるんですけど、そうでもないのかもしれないですけど、どの辺の人にフォーカスをして講義や討論をしたらいいのかなあと、なかなか微妙な感じを持ってます。

まず、私のＣＢＴというものに対する感覚というものを話してから、いくつかの点について、伊藤先生にディスカッションさせていただければなあと思います。

私は精神科医で、医者になったころはＣＢＴというものが世の中に存在していなかったですから、ヤングがそうであったように、ヤングは医者ではなかったですが、厄介なパーソナリティ障害とかそういう人を治療するときに何かいい方法がないかというところからスタートして、力動的なところに行った人間なんですね。で、いま精神分析というものをやるようになってきていて、だいぶ変わってきているわけですけれども、恐らく、私が研修医の頃ＣＢＴがあったらＣＢＴに行っていたかもしれないわけです。

で、いまお話を聞いていて、ＣＢＴと精神分析とを比べると、患者に対するわかりやすさは、圧倒的にＣＢＴのほうが上だと思うんです。精神分析がいったい何の役に立つのか、患者はなかなかわからないんですよ。ＣＢ

Tとは違って、精神分析が何かが患者に分かるのはずっと後なんです。最初に説明して分かるというようなものではないんですね。

で、訓練も精神分析家の訓練は十年とかかかっちゃたりする。とにかくタイムスパンがものすごく違ってる。今こころの臨床の世界でいちばん金を動かしてるのは医者というか健康保険制度ですから、そこでユーザーがどういう治療法を選択するかを決めるのに力をもつのは医者じゃないですか。その医者に対して精神分析とCBTのどっちが説得力があるかといえば、それはCBTですよ、圧倒的に。わかりやすいですから。

アメリカはCBT一色ですよね。ヨーロッパは、ドイツでは精神分析のセッションが三百セッション保険でカバーされてるとかいいますし、精神分析とか力動的なものが維持されてる。健康保険制度の中に定着している。アメリカ人というのは移り気だからね。精神分析だけしかなかったのはアメリカなんですけどね。一九五〇年代は全員精神分析だったわけですよ。精神科の教授はほぼ全員分析家だったんです。そこからガーッとCBTに行ったわけです。

今の文科省は日本をアメリカにしようとしてますからね、グローバリゼーションとか言って。もうすぐ私は大学を辞めるのでほんとうに嬉しいんですけど、もうこのまま大学につきあってたら頭がおかしくなるだろうなと思います。物事を考えないように考えないように、そういう方向に学生を持っていきたがっていますね、私の感覚だと。

それはいいんですけど、とにかく日本がどんどんアメリカみたいになっていくなかで、おそらくCBTが日本のメンタルヘルスのエリアで一番力をもつものになっていくだろうと、私は思うんです。

そんななかで、精神分析はどんなふうに自分の立ち位置を確保すべきか。そんなえらそうなもんじゃないんですが、いちおういこの間まで分析学会の会長だったりしてたもので、そんなことを考えるようになっていたわけです。

私はＣＢＴというのは短期のもので、特定の問題についてその人の意識的な能動的な努力によって物を変えられる範囲で何かやっていくものだと思っていました。一方それでは追いつかないようなこと、つまり本人が何が苦しいかわからないということがあるわけです。このあいだ私のところに来た患者が「苦しいんです」と言うんです。十年も二十年も苦しんでいるというんですけれど、何が苦しいかはわからないというんです。でもむちゃくちゃ苦しいし、生きているのが苦しい。そういうようなものはわれわれのエリアかなと思っていたわけです。

精神分析は最初症状の精神療法からスタートしました。ヒステリーとか強迫とか。いまでもヒステリー的な性格とかヒステリー的な在りようについての問題は精神分析はいちばん得意ですけれども、強迫とか不安ヒステリー、いまでいうパニック障害とか、ああいうものは私たちの手を離れて、よりメディカルなＣＢＴとかのほうへ行っちゃってる。精神分析は何を、どういう人をターゲットに、何をしたらよいのかということを私は考えてきました。

そんなときに何となく伊藤先生とつきあいができて、伊藤先生の話を聞いたり伊藤先生の本を読んだりしていると、ＣＢＴは僕が思っていたほど単純なものではなく、そうとうどっぷり臨床的なことをやっている人たちなんだなという感じもしてきたんですね。

スキーマ療法と精神分析

スキーマ療法というのは、精神分析の言葉でいえば内的対象関係の話をしているわけです。内的対象関係をどんなふうに変容させるかという話なんです。それは私たちがずっとやってきたことですから、それをあんなふうにできるのか、ということに対するいろんな種類の疑問はあるわけです。スキーマ療法というものはヤングという人がポコッと作ったらしいんだけれども、精神分析が内的対象関係というモデルできちっとものを考えられるていう感じが、このスキーマ療法にはあります。

前のＣＢＴは精神分析とは競合しないというか、恐らくＣＢＴをやってうまくいかなかった人やもっとめんどうくさいことを抱えている人の受け皿がわれわれだというモデルでよかった。けれども、スキーマ療法だと、同じような層の患者を食い合うというようなことが生じるのではないかなと思うんですね（笑）。そこがなかなか面白くなってきているなと思っています。

あのケースについて伊藤先生が仰ったのは、最初はとにかく、自分をモニターするやりかたを教え込むんだということだったと思います。そもそも自分をモニターすることを教え込めるんだというそのことが、私個人としては信じきれない。精神分析の言葉でいえばそれはつまり depressive position に入るということなんですね。それはとっても重要なことなんだけれども、そんな教え込めるようなもんじゃありませんというふうに体験しています。しかも教え込むところから始めて、あるところから自分が気づくことが大事だと言われた。教え込むところから自分が気づくところにジャンプするときに、クライアントにとってのセラピストの見え方が全然違ってきたりするはずだと精神分析家は思うんですが、そういうことについてどんなふうになっているのかわからない。全体としてみれば、私の感覚からすると、クライアントからセラピストがどう見えているのかについての話があまり出てこない。それをあまり扱わなくても何とかなっているという感じがすごくする。私は精神分析だけをやっているわけではなくて、精神科医もやっているわけですが、精神科医として外来をやっているときでさえ、あるところにくるとこちらが向こうをどう体験しているのかということを話し合わなくてはいけないようなところがよく来るんですけどね。

セラピストの情緒や感情の問題

重要だと思ったところは、患者に対するセラピストのさまざまな情緒とか感情とかの問題です。全体として、患者がえらい素直です。私が見ている患者や、分析協会でスーパービジョンをしている候補生のケースになってる患者なんか、自分でもどれだけセラピストに本当のことを言っているか実感を持てない人が多い。結局自分にも他人にも嘘つきなんですが、そういう人たちと付き合っていると、こちらが嫌な思いをしたりふざけんなと思ったりすることの連続です。それこそが重要な出会いだと私は思います。私たちがそこでちゃんと患者と出会うということ。「患者をちゃんと憎まないと治療になっていかない」というウィニコットが言った有名なセリフがあるわけですが、そこのあたりの処理というか、そのへんのセラピストの情緒の問題はどうなっているのか。

一概にいえば、伊藤先生の仰っているhere and nowという言葉は、精神分析ではhere and nowとは言わなくて、there and now、治療の外での彼、彼女の話だったわけですが、here and now、「ここで」の、治療状況でのことはどうなっているんだろうかということですね。

僕のファンタジーでは、伊藤先生はすごく、私より六十倍くらい健康な人なんです。パーソナルなことをちょっとだけ言うと、前にフェイスブックのスレッドで、精神科医たちが一つの尺度で自分の社交不安度をお互い競う、というか、「おれは正常下限だ」とか「おれはカッティングポイントを超えちまった」というようなことを皆で言い合うというようなのがありました。私はカッティングポイントよりはちょっと上で、社交不安ではないがかなりやばいというところでした。でも伊藤先生はとびぬけて点が低い。ほぼ全然社交不安がなかったじゃないですか（笑）。こういう人だからできるのか、とか思ったりする。

内省の限界

精神分析というのはどちらかというとhere and now、ここで起こったことだけに集中して、それを患者が自分の世界に持っていくだろうという、そういう話ですよね。いくら人ががんばって自分を内省しようとしてもそこには限界がある。それをフロイトは発見したわけです。主体が脱中心化されていると言ってもいいかもしれません。つまりわれわれはわれわれのことは永遠に知ることができないということ。私たちが自分がそうだと思ってきたことは嘘だった。そんなに人間は自分のことが分からない。精神分析家はみんな五年、十年くらい分析を受けるわけですが、全然わかってないですけどね、それほど。わかってなさの質は変わっていますが。精神分析の言葉でいえば、他者の去勢を受けないで自分の本質に到達するということが可能なのであろうか、という、私にとっては原理的な問題があります。

スキーマ療法の前のＣＢＴみたいに、その人の主体というものを問題にせず、その主体が何かに困っていて、それを意識的に対処していくというモデルのところで留まるのであれば、それもありかなと思いましたが、パーソナリティ障害とかパーソナリティの問題になると、主体というかセルフというかそこ自体に問題の核心があるわけだから、そのやり方で本当に変化するのかという考えが、どうしても生まれちゃうんです。「精神分析をやっているから、精神分析家だからそういう偏った考え方になっちゃうんだよ」と言われたらそれまでなんだけど。

もうひとつ、まったく違った点なのですが、最後のところでスキーマ療法のスキーマがワーッと出てましたけど、あそこでは、オーティスティックなものがほとんど欠けていると思うわけです。精神分析の今のトレンドを大きく考えると、結局人間の心はパラノイド‐スキゾイド的な世界とデプレッシブな世界と、あとオーティスティックな世界の三つで構築されているというふうに思っているわけですが。あそこは、私の言葉でいえば、ＰＳの世界かデプレッシブの世界の話でしたね。マインドというか、こころが一応あるというか。スキーマ療法のあのプログラムの中に、オーティスティックな、つまりまだ他者というものが感覚体験の形でしか体験できていないような、他者ではないような、そういうエリアを含みこむことはまだないようです。このままでは、トータルには物が見えないのかなということをちょっと考えました。

最初のケースがとても印象的だったんですけど、あのケースで、途中で発表会になっていくというあたりがありますね。それは、先生という人に自分を見せていくということによって、何か達成がある、先生に見せるために良くなっている部分があるのかなと思いました。精神分析の発想だと、そういう関係になったら、そこから患者が分離していくことには大変なワークが必要です。この喪失という問題について、わりと楽観的なんですけど、先生は。

CBTと精神分析のこれから

私はエビデンスというかそういう領域に興味がないんだけれども、私のそばにいる人たちがいろいろ教えてくれるところでは、最近のエビデンスでは、長期の予後はけっこう精神分析的な精神療法の方がいい、効果が残存するというデータが出てるらしいんですね。ある治療が終わって三年から五年たった時に見てみると、精神分析的な精神療法の方がなかなかいい線行っている。そこぐらいしか勝ち目はないですよね。コストという点で全然ダメなんでね、われわれは。セラピストの養成にもセラピーにもコストと時間がかかりすぎる。臨床というものをひとつのビジネスというか、ある種のプラクティスとしてみたときに、多大に時代遅れであり、多大にダメなんですよ、精神分析は。だけどひょっとすると、長期の効果はいいぞとなれば、そこで生き残れるのかとかね。スキーマ療法が出る前は、ＣＢＴはそっちだからこっちのほうは俺たちがやればいいみたいに思っていたわけですが、それも奪われていくと、セールスポイントはそれですね。

私は、基本的にはCBTを一生懸命やる人たちはどんどん増えていくだろうと思ってるんです。精神分析、力動的なものをやろうという人は減っていくだろうと思う。それでも力動的なものというか、何かわれわれがやれるようなことは残るだろうし、まあアメリカでも精神分析的なトレーニングに来ているサイコロジストの絶対数はそんなに減っていないとも聞く。維持はされるんだろうけども、多くの人がCBTという、わりと説明しやすく、患者のほうも「なるほど」と言って来やすいような、コスト的にも有利なものが主流になるでしょう。それで洩れてきた人なんかを私たちがやるためには、やっぱりCBTのセラピストと仲よくしておいたほうがいいですよね。おこぼれというと何ですが（笑）、もてあましたような人とかを、ぜひとも送っていただきたいというふうに考えているわけなんです。

症状を手早く良くするというところでは、なかなか、いろんなところで勝ち目がないんだと思います。だけれども、違ったところでとなったときに、どうしてもスキーマ療法というものについて考えざるを得ない。

スキーマ療法はやっぱり、セラピストのパーソナルな体験とか、セラピストとのあいだに起ってくることをどのぐらい扱うのか。そういうものを扱わないで、とんでもなく倒錯的であったりする人たちとつきあうのは難しいでしょう。私のファンタジーでは、CBTというのはさっきの話だときちっと分節化してセッションを構築していくことが意味をもつのかと思う。われわれの言葉で言えば「退行させない」んですよね。自我支持することによって過剰な治療退行を起こさせないようにしていく。精神分析はセッションの初めと終わりは構造化してるんですけど、途中は全く構造化していない。つまり患者の好き勝手に持っていかせるし、こちらが持っていかれる。そこでいろんな気持ちになったり、いろんな体験をしたりするということに自分を開く。恐らくそこを、いろんな構造化をするということによって、強い情緒、退行的な関係を制御してるのかな、スキーマ療法は。面接の構造化とか目標設定とかそういうものを随時供給していくことによって、自我支持をしていくことで……そんなようなことを考えながら聞いていたんですね。

そういうスキーマ療法に対しては、非常に興味や関心があるわけです。パーソナリティという、その人の主体と言ってもいいんですけど、そこのありようというものに入っていく時に、私のファンタジーでは、あんなふうにリニアな、直線的なモデルでは不可能です。もしそれができるとしたら、やはり相当なdeviceが必要でしょう。つまり、自我支持的ないろんなことをやってそこに入っていくのかなあ、というようなことですね。

このセミナーは基本的に力動的なセミナーとして企画されているわけですが、ほんとうにこれからはエビデンスのことも考えなきゃならない。精神分析にエビデンスがないということは本当はないんですけど、ただ精神分析の場合はRCTなんかをやるときにものすごく難しい変数の管理が必要ですよね。つまり分析家が訓練をどれぐらい受けているのかとか、そういうことがとても重要になってくると私たちは思っているし、その意味で日本のデータと海外のデータは直接には比較できないなと思ってたりもする。そういういろんな制約がわれわれにはあるわけです。でも多くの研究やいろんな論文やメタアナリシスなんかを見ると、精神分析にもちゃんとエビデンスはあるし、ただコストとか時間とかそういうものでは負けていたりするんですね。そういうなかで戦っていくのかなあと思うんです。そういうときにこのスキーマ療法という存在は私にとって大きな、目の上のたんこぶとは言わないけど（笑）、そういう感じで、面白い何かなんですよね。

とはいえ、精神分析は心理療法かという基本的な問いが私にはあって、私の個人的な回答はノーなんですね。こんなことを言ったらぶちこわしになりますが（笑）。すみません。そういう意味では最初から同じ土俵で戦っていると思わなければいいという感じもあるわけですけど、そんなことを言ってるとこの世の中でどこに居場所をみつければいいのかという、なにか「♪人はだれもただ一人～」とかいう歌を連想させてしまう、なかなか難しいところに精神分析はある、と私は思ってますね。

そういう意味で、伊藤先生のポジティブな、ほぼ「いいことしか起こらないぞ」的な感じにある種のまぶしさを感じながら（笑）コメントしてみたわけです。

司会（乾）：どうもありがとうございました。伊藤先生の実施されている認知行動療法に対して、藤山先生の感想および精神分析との比較検討をいただきました。特に、藤山先生の感想として、CBTについては許される（笑）、つまり精神分析と両立可能だが、スキーマ療法は内的対象関係をも問題にしてゆくので、精神分析とは異なるとはいえ、これはやばいのではないか（笑）という先生の気持ちがよく出ていたと思います。そこで、精神分析との比較という意味で、治療者の機能について、伊藤先生のお考えを一言いただけますか。

討論に応えて

「習い事」モデル

伊藤：藤山先生ありがとうございました。

とくにBPDのややこしそうな人を対象にCBTを始めるときに私自身が相当気をつけているのは、それこそあんまり心理療法とかセラピーという見せ方をせず、基本的に習い事として見せるようにする、ということです。習い事なら彼女たちもそんなに行動化せずに済むからです。ここにはセルフヘルプを学ぶために通っているんだよね、という感じで。ですからどちらかというと治療関係というより、あえて「習い事の先生」として機能するように気をつけています。

とはいえ、CBTの構造に乗ってきてくれるまでに結構時間と手間がかかる人がいることにはいます。その場合も基本的には「ここはこういうところだからごめんね」と言いながら、時間外の対応はしないとか、遅れてきても延長はしないとか、守ってもらうようにしています。治療関係の中で、というよりは、「ここはこういうところだから」という持っていき方です。

司会（乾）：そうすると、クライエントさんは当然先生に心理療法を期待してくるわけですが、先生はある種のトレーナー的な態度にだんだん変えていくということですね。

伊藤：ええと、最初からですね。

司会（乾）：ああ、最初から。でも、向こうはそれ（心理療法）を期待してくるじゃないですか。

伊藤：なので最初からこれは習い事ですから、と。インテークでの心理教育でそうお伝えします。

司会（乾）：そこからスタートしているわけですね。なるほど。そこに一つ違いがありますね。

伊藤：なので、今はもう違うのですが、数年前まではインテークは全て私が取っていて、インテーク後、クライアントを各担当者に依頼するときも、クライアントによってはセラピストとの相性を気にする人がいるのですが、まあそれは当然のことですけど、「その先生はどういう先生ですか」「私と合いますか」などと訊かれます。その場合も、これは習い事だから相性の問題はさほど大きくないからと言って、むしろ何曜日に来られるかとか、何曜日の担当者に空きがあるかとか、そういったことで担当者を決めていました。それでさほど問題は起きていません。

司会（乾）：そこは、私がお聞きしている認知行動療法家とは違いますね。その方々は最初に担当者を三人ぐらい用意していて、クライアントと相性の合う人にコンタクトをつけるとお聞きしました。先生とは導入方法が違うのですか。伊藤先生の場合は、先ほど言われた療法でなく習い事だからあえてそうされたのでしょうか。

伊藤：そういう見せ方をしている、ということですけどね。

司会（乾）：見せ方として、そういうふうなセッティングでやっているということですね。

伊藤：ただ、もう一つ言ってしまうと、やっぱりＣＢＴは相性の問題にしてはいけないっていうのが私の考えとしてあります。うちのセラピストはみんな力もあるので、基本どんな人が来ても、ある程度ＣＢＴとして形がつけられるだけの対応力があるというふうに信じています。

司会（乾）：なるほど。それからもうひとつ、ぼくもやっぱり藤山先生と同じで、スキーマ療法というのはやばいぞ（笑）と思ったんですけれども、スキーマ療法の中でとくに、ボーダーラインの患者さんなんかの場合に、習い事と言っても、どうしてもくっついてきて、そこに依存関係がごちゃごちゃしますよね。そういうような場合にどうするかという問題。よくあると思うのですが、どうでしょう。

伊藤：大事なのは、最初からスキーマ療法をやらないということです。まずＣＢＴで現実的な困りごとに対する対処力をつけてもらって、そのうえで必要があればスキーマ療法をやるという形を取っています。うちにもかなりややこしいＢＰＤのクライアントが来ていますが、まずＣＢＴの構造に慣れてもらって、ＣＢＴの枠組みの中で自傷行為を別のコーピングに置き換えたり、破壊的な行動化をせずにすむようになったりしてもらい、ある程度セルフケアができるようになってもらってからスキーマ療法に進みます。そうじゃないと怖くてできません。

司会（乾）：なるほど。一応今、藤山先生の討論に対するお答えという形でいただきました。ここでちょっとフロアに回したいと思うのですが、いかがでしょうか。さきほどの伊藤先生のお話に、「ちょっとこのへんはどうなんだろうか」とか、あるいはこの藤山先生との討論のことについて、こんな意見も出てきたよというような、いかがでしょうか。

Q&A

スキーマ療法の治療パッケージ

Q１：いま精神分析的な面とＣＢＴ的な面とお話を聞いていく中で、スキーマ療法の考え方としては大変わかりやすかったのですが、その後具体的にどんな治療方法というか、そのパッケージがどうなっているかとか、そういうものが少しわからなかったので、治療関係の中に治療的効果があるっていうのはもちろん、モニターしてその中に治療効果があるっていうのはもちろんそうなんですが、その後にどんな手法的なものとかがあるのかなあということを少し思ったので、お聞きしました。

伊藤：スキーマ療法もけっきょくＣＢＴと流れは一緒で、前半はスキーマレベルでケースフォーミュレーションをして、後半はいろんな変化を起こしていくんですが、何をするのかというと、ひとつは自分の幼少期とか思春期の体験を振り返って、今の自分を作ったと思われる過去の自分に会いに行くようなワークをします。で、その時々にどんな体験をしたのかということを、感情を含めて振り返るような作業をする。「ああ、この時にこういう体験をしたことによってこういう傷つきがあって、それがこういうスキーマになったんだね」という振り返りをしたりですとか。あと質問紙があるんですね。その質問紙をとっかかりにします。その質問紙は評価尺度ではなくって、自分のスキーマに当たりをつけるための質問紙なんですね。なのでその質問紙を刺激にしながら、いろんなふうに思いをめぐらしてもらって、その中で「こういうスキーマが自分の中にはありそうだね」ということを探っていったりとか、あとモードのお話をして、自分の中にはどういうモードがありそうか、今どういうモードになってるのかみたいな感じで、基本、前半は理解していく、スキーマやモードの観点から自分を理解していくという作業をします。

で、後半になって、スキーマを再構成する、もうちょっと自分を生きやすくさせてくれるようなハッピースキーマを作るという作業をしたりとか、モードワークと言って、傷ついた心のモードをどう癒していくかという、ちょっとゲシュタルトみたいなワークをしたりして、そのモードだとかスキーマの変容を目指すような、後半はそういうふうに変わっていきます。

ＣＢＴとスキーマ療法における自己開示

Ｑ２：セラピストが自己開示をするというところがありまして、それはほんとうにＣＢＴをセラピストが自分で使用できるようにするということで、それについて、セラピストはこのようにこの療法を役立ててますよというふうに自己開示をするのか、もしくは違うような自己開示をするのか、その点についてもう少し教えてください。

伊藤：二つありまして、一つはＣＢＴの使い方に関して、私はこんなふうに使っているのよという、今おっしゃってくださったような自己開示の仕方がもちろんあるのと、たとえば今私が保護観察所でやっているプログラムだと、「問題解決法を今日は学びましょう」と最初に言うんですね。その場合は、セラピストが私は自分のこういう問題に関してこんなふうに問題解決法を使いましたというサンプルツールを一枚作って、それを開示して、「じゃあ今度は自分の問題にあてはめてみましょう」みたいな、そういうことをします。

それがひとつと、もうひとつは治療関係の話なんですけども、これはもしかするとＣＢＴのセラピストによって考え方が違うのかもしれませんが、私としては、よくクライアントってセラピストに個人的なことを質問しますよね、「何歳なんですか」とか「結婚してますか」とか「お子さんいますか」とか。そういう個人的なことについて質問があったときに、これは私の考え方ですけれども、やっぱりＣＢＴはチーム関係を作っていきましょうという一つのプロジェクトみたいなものなんですね。その場合に、チームメイトの個人的な情報をちょっと知りたくなるのは当然だという風に思うんです。「この人いくつかしら」とか「他の日は何してるのかしら」とか「どこに住んでるんですかしら」とか「夏休みはどこに行ったのかしら」とか、訊きたくなるのは当然だと。なので、私の中ではそういう当然の質問には答えられる範囲で答えたいという気持ちがあります。線引きの仕方としては、私時々スポーツクラブに行くんですが、スポーツクラブに行くと、小うるさいおばちゃんがたくさんいるわけですよ。「あんたいくつ」とか「結婚してんの」とか「子どもいるの」とか。その小うるさいおばちゃんに訊かれて答えられることはクライアントにも答えようと決めています。「年収いくら？」となると「ちょっとそれは言えません」というふうに。自分の中で「スポーツクラブの小うるさいおばちゃんに訊かれた時に答える質問にはクライアントにも答えよう」という感じで、そういう意味での自己開示というのがあります。

ついでに言っちゃうと、実はスキーマ療法の場合はもう、クライアントに対してものすごく自己開示しています。クライアントもやはりスキーマ療法に入るかどうかですごく迷うんですね。「とても大変そうだ」と。しかもこちらも予告します、「けっこう『痛い』よ」と。つらい感情がすごく出てきて、そこを乗り越えていくから、痛くないスキーマ療法はありませんよ、と。そういうときに、私が「私自身もスキーマ療法を体験して、こうだった」という話をします。するとけっこうクライアントの食いつきがすごいんですね。「え!?　先生にも早期不適応的スキーマがあるの？」「先生にもスキーマ療法が必要だったの？」という感じで、とにかく私自身のスキーマ療法の体験を聞きたがりますし、私も正直に話します。ほとんど「もろ出し」です。ですから、私の友人や職場のスタッフより、スキーマ療法をやっているクライアントのほうが私のことは深く知っていると思います。

CBTとスキーマ療法のドロップアウト率

Ｑ３：二点ほど質問があるんですけれど、途中でやめてしまうクライアントというか、ドロップアウト率がどれくらいなのかということと、洗足ストレスコーピング・サポートオフィスという先生のオフィスにはどういったクライアントがくるのか、誰かに連れられてくるのか、クライアント自身がＣＢＴというものを求めて来るのか、そういったことをお聞きしたいと思います。

伊藤：ドロップアウトの率はすみませんが、今すぐに数字が出てこないんですが、実はこのあいだの認知療法学会でうちのケースのＣＢＴ群とスキーマ療法群を比較してドロップアウトの数字を出したんですが、ＣＢＴ群のドロップアウトのほうが明らかに多かったです。ただ、ドロップアウトの定義も難しくて、ＣＢＴを開始してすぐにやめちゃうクライアントはほとんどいないです。ある程度進んだところで、終結っていう形をはっきりとらないで終わっているケースはけっこうあって、それも含めたドロップアウト率がたしか三〇パーセント前後だったように思います。スキーマ療法のドロップアウト率はめちゃめちゃ低いです。これは相当腹をくくってから始めるからなんです。「やると決めたんだからやるのよ！」みたいな。ですからよほどの事情がない限りはドロップアウトはほぼないです。これはうちの機関だけではなく世界的にもスキーマ療法のドロップアウト率の低さはエビデンスとして出ています。

洗足のオフィスにどのようなクライアントがいらっしゃるかというと、さきほどちょっとお話ししましたが、八割くらいが精神科医からの紹介なんですね。ただその紹介の仕方が、ドクターの方から「ＣＢＴを受けたほうがいいよ」という紹介で来る場合と、クライアントが「受けたい」ということで紹介状を書いてもらう場合があって、その辺はちゃんと数えたことはないですが、基本的には勧められて来る人の方が多いです。ときどき自分でネットで調べたり本を読んだりして来たという方もいらっしゃいますが、基本は、勧められてよくわかんないけれども来たという人が多いです。

第２章
精神分析をめぐって

精神分析のエッセンス

自己紹介

藤山：どうもご紹介に預かりました藤山……ああ、紹介してない？　ご紹介なく登場している藤山です。

一同：（笑）

藤山：「『精神分析のエッセンス』っていうことについてしゃべれ」っていうふうに言われてお話しするわけです。分析的セラピーのエッセンスではなくて精神分析のエッセンスというふうに頼まれました。ただ、ひょっとするとここにおられる方は精神分析というものを、まるっきり患者としてもセラピストとしても体験しておられない方が多いかなと思うので、そこはちょっと心配なことではあります。

とりあえず、一つのエクストリームというか、ある種のパラダイムというか、そういうものとして精神分析っていうものがどんなものかっていうことについてお話してみようと思います。

皆さんのなかには認知行動療法の方向で実践し勉強していらっしゃる方も多いと思います。大体精神分析の外の人が精神分析を語るときはたいてい批判的なんですが、その三分の二ぐらいは誤解に基づいているような気がするので、とりあえず精神分析とはどんなものか、ということを私がどう考えているか、それを話せたらと思っています。

ただ、ひとつ前置きしておかないといけないのは、これは私という精神分析家が私にとっての精神分析を語っているに過ぎないということです。ほかの人が語れば違ったふうに語るだろうと私は思います。そういうものだと思います、精神分析っていうのは。そもそも、実をいうと、私は自分のことをフルタイムの分析家とはちょっと呼びづらいところがあります。精神分析のセッションは毎日やってはいるんですけども、毎日やっている分析家っていうのはおそらく日本で少ないんですけど、その一方で大学にも行って給料をもらっていますから、フルタイムとは呼びづらいんですけどね。ともかく、週に六日間日曜日以外の曜日に、合わせて二二セッションやっています。週四回を四人と週二回を三人です。あとは精神分析ケース、つまり週四回以上のケースのスーパービジョンを四人、週一回ずつやっています。それから月に三回ケースセミナーをやっていて、月二回リーディングセミナーをやっています。これらは全部、自分のオフィスでやっていることです。

こうした時間のすべてが精神分析家として私が仕事している時間です。これが平均週二七時間程度の労働時間になるわけで。ていうことはフルタイムじゃないっていうことですよね。あとは大学教員として週二〇時間以上実働しております。それから精神科医として週六時間実働しています。まあそんな感じです。だから二〇＋六＋二七＝五三時間働いてます、週に。もの書いてる時間はここに入っておりませんので、ほんとはもっと働いてるんです。どうしてこんなに働いてるんだろ。

一同：（笑）

藤山：トーマス・オグデンっていう私が一番好きな分析家は「フルタイムで一〇年間働くと精神分析家らしい精神分析家になれるだろう」というようなことを言っています。精神分析家らしいっていうのは、彼の言葉で言えば精神分析を再発見できる分析家っていうことですけど、私にとってそれは大学を辞めてからのことになるのかなと思っております。

私が伊藤先生とすごく親近感を感じてお付き合いしていただいてるのは、やっぱり先生が開業精神療法家であるというところに親近感を持っているからです。臨床は自分で開業してないと分からないことがいっぱいあるっていう感じがしています。私も個人開業したのが一九九九年ですから、もう十七年目に入っています。一人だけで神宮前でやってるわけですが、あと十七年たつと八〇歳になるんでそろそろ引退かとも思いますから、現在個人開業のセラピストとしてはもうほぼ半分過ぎたかなと思ってるんです。

あと、最近私は小寺記念精神分析研究財団っていうところの理事長に就任したのですが、そこは大体一〇年で死んでるんです、理事長になると。

一同：（笑）

藤山：二回続けて一〇年で亡くなっている。だから私もあと一〇年かもしれない。だけどもう少し何とかなるかもしれない、そんなことを考えています。八〇までと考えたときに、実は最近うちの父親が八八で死んだんですが、あれぐらい生きられるのなら、もう少しできるかもしれないなと思ったりとか、そういうことを思っている今日この頃です。

まだ私は分析家になって、資格をもらってから十二年しかたっておりませんし、フルタイムでもありませんし、あんまり経験があるわけではないと自分では思ってるっていうことですけど、何とかそれでも精神分析ってこんなもんだって自分なりに語ろうと思います。

これ（図1、2）が私のやってるところです。二枚は同じ部屋の写真なんですけど、こっち側（図1）が治療をやってるスペースで、ここに僕が座って、ここに患者が寝るという構造でやってて、こちら（図2）はその壁の反対側の壁に向かった写真です。こちらはものを書いたり仕事をしたりするスペースで、ここでこの一部屋だけの、正確に言えばトイレと物置はあるけど、そういうオフィスで十六年やって今十七年目に入ってます。

ここで一年に一、〇〇〇時間以上は患者と会ってきました。十五〜十六年間で一万六千時間とすると、平均一人一万円として一億六千万ここで実践して稼がせていただいてることになりますね。セミナーやスーパービジョ

図１

図２

ンを入れればもっとです。なまなましい話ですが。精神分析家はお金の話を率直に話せなければならない、とフロイトも言っています。ここは、マンションの一室なんですけど表札も看板も出していません。表札とか看板は必要ないのです。同じ人しか来ないですから。なるべく目立たないようにしてるのがいい。週二時間だけ雇っている掃除の人が来るけど、あとの人はほぼ全員僕にお金を持ってくる人です。そうじゃない人はあんまり来ません。見学の人と出版社の人ぐらいです、あとは。この場所で週の最後のセッションにお金を手渡しでもらって領収書を渡すっていうタイプの実践をやっております。

私にとっての精神分析

夢見ることの促進

さて、そういう自分が精神分析をどんなふうに考えてるかということです。まず何よりも患者の役に立つ実践だと私は思っています。ここのところを間違えないようにしなきゃいけないと私は思います。役に立たないような実践は必要ありません。患者の役に立つということがいちばんだいじです。じゃあどういうふうに役に立つのかと言うと、患者が夢を見る、夢見るっていう、ここでドリーミングという言葉をこの講義のキーワードにしたいと思います、勝手に。

一同：（笑）

藤山：私が好きな分析家たち、ビオンっていう人とウィニコットっていう人とオグデンっていう人ですが、そういう人の考えの中では、寝てるときに夢見てるんじゃないんです、人は。のべつ見ているという考えです。人は不断に夢を見ている。ここで夢を見るというのは、普通の言葉で言えば、パーソナルに自分の体験を意味づけしてものを考えたり、味わったりするっていうファンクションです。それが夢見るっていうことです。私たちは眠ってるときも、起きてるときも夢を見ている。

夢を見ることによって意識と無意識の区別がついて、抑圧したり、その思考をもう一度引っ張り出して学ぶことができる。たとえばフラッシュバックを起こしてる人はそのフラッシュバックの体験を考えることも味わうこともできず、ただ圧倒されてるだけですよね。それをほんとに考えて味わって、夢見ることができるようになることを精神分析が援助する。それがうまくいけばフラッシュバックの発作は逆になくなってきます。その人の外傷体験は、その人のパーソナルな人生の歴史のなかに収納されていきます。そこからその人は何かを学び、考えることができるようになります。

こうも言えます。こころのなかはとても多くの自律的な部分によってなりたっている。意識、無意識という区別もあるだろうし、神経症的な部分と精神病的な部分という区別もあるだろうし、本当の自己と偽りの自己という区別もあるでしょう。それらがたがいに交流し、たがいに対話し、たがいに理解する。そういうことのなかで人が変化する、成長する。そういうことが夢見ることです。

実際の夢を見る体験は生々しいですよね、おどろくほどリアルで、汗びっしょりかいたりする。でも私たちは夢の空間のなかにいる私たち自身を俯瞰でみていたりしますよね。すごくナマでありながら、すごく遠い。体験そのものになりながらもそれを見て解釈する。それが夢見るという体験なんです。

そういうことを手伝う、夢見る能力の拡大ということが私たちの仕事で、それを通じて人間が成長し変化していく。要するに夢見る能力のない人は変化しないんです。永久に反復的な世界にいる。人は夢見ることによって変化や成長の可能性が生まれてくる。そういうことが私の考え、ベースの考えだと思ってください。

だから精神分析の本質について、「無意識を意識化する」とか、「こころの覆いを取って探求する」とかいろんなことが言われてますけど、そういうのは精神分析で起きていることの一部を切り取るだけだと思います。無意識を意識化するっていうことも、自分のこころに内部への洞察が生まれるとかも、夢見ることの促進の結果起こりうることだと思いますけど、それは私の個人的な感覚の中では派生的なことです。大事なことは患者が、クライアントが夢を見るっていうことができればいいんではないかと思うわけです。

健康法としての精神分析

だから症状や行動の変化は結果でしかない。ここが普通の臨床とか精神療法とは違っております。これを目標にしてません。ということは誰にでも利用可能だということでもある。症状や病的行動がなくても利用可能です。私も受けたわけですが。どんな人でも成功裡に精神分析を受ければ夢見ることの促進、成長の促進につながっていくわけです。だけど誰でも受けるかっていうと、これが金もかかるし時間もかかるし、相当のモチベーションが必要ですので、そんなに誰もが受けるはずもないわけです。

そういう意味で、普通の医療とか治療っていうのが症状を解決するための医学的なモデルの中にあるとしたら、精神分析は健康法みたいなもんです。これができれば、これができる能力が増えれば人はより成長したり変化したり考えたりできる。その結果、幸福と言われるものにより近づく、というそういうものです。つまりそれは、えらく金と時間と手間のかかる健康法みたいなものかなと思っています。その結果、つまりその結果として症状のある人は症状を手放したり、変な行動のある人はその変な行動を手放したりするわけで、本質的なことはそういうことなんだと思う。

これはフロイトも、精神分析で病気が治るのは結果に過ぎないと言っている。すでに彼も気づいてた。だから精神分析っていうのは、そういう意味では純粋な医学モデルにははまりにくいところがもともとあると思います。心理臨床っていうのもどっちかっていうと患者のためになるためのものでしょう。ところが精神分析は、患者さんのためになるのは単に結果なんだみたいな話になるので、ちょっと不思議なものではある。

精神分析という実践の形

どんな実践かっていうと、それは「間主体的領域における独特なプラクティクス」なんです。その「間主体的領域」、つまり二人のあいだで起こっていることで、独特なものだということです。その独特さを決定する、ほかのものと区別するものは大きく分けて二つです。

一つは精神分析家の存在です。精神分析家という人間が精神分析家としてそれをやっているっていうことです。精神分析家以外の人がやっても分析ではありません、私の考えでは。だから精神分析家とは何かっていう問題がここで出てきます。もう一つは分析設定というものの中で事が行われていることです。これがとっても大事です。

人が成長する、たとえば恋愛してあの人はずいぶん変わったなあ、というようなことがある、つまり、間主体的領域で人が成長することがあるっていうことはもうみんな経験的に知っていることなんです。子供つくったらとか、あるいは結婚したらとか、あの人はもう劇団やってるときはひどかったけどつぶして挫折したらましになったとか、私のことだけど。

一同：（笑）

藤山：そういうことがあるわけです。それはみんな経験してることですけど、それをある特別な設定で特別な誰かの存在下で職業的・集約的にやっていくっていうことです。それが精神分析です。

だから精神分析は、ボラスっていう人も言ってますし、ビオンも同じようなこと言ってるけど、精神分析って人間の本能みたいなものです。精神分析本能というのがある。間主体的なエリアの中で夢見て、変わっていって、成長していく本能がある。それを職業的に手伝おうって思った人はフロイトが初めてだったんです。でもそれまでもやはり宗教の中で懺悔したりとか、いろんなことの中でそれに近いことは行われていたかもしれません。だけど精神分析がよりそういうものに明確な形を与えたわけです。精神分析は人間のわりと自然な機能というものに働きかけてるっていうものだと私は思ってます。

精神分析家とは誰か

精神分析家とは誰なのか、というのが問題です。やっぱり分析の中で起きること、夢見ることや考えることの促進とか、解釈を——分析家のやることはほぼ解釈すること、考えたことを伝えるなんですけど——、それを伝えられたときのインパクト、そういうことがなされる中で人間のこころが変わったり、変化したり、成長したりっていうこととか、そういうことを体感的・実感的に理解して、それを信頼している人だということだと思います。

こういうことをやっていればそういうことがあるんだなっていうことを前提としてそこにいることができる。精神分析家らしく——「らしく」というのは、「男らしく」とかいいますけれど二つの意味があるから。「あの人変に医者らしくやっているけど」、医者じゃないのに医者らしくっていうのもあるし、「あの人はお医者さんらしいお医者さんだ」っていう場合もあります。この場合はどっちかと言うと後者のニュアンスで、精神分析家らしい、らしくふるまえる人なんです。

これに最も安全にたどり着ける方法はこれしかない、この方法しかない、というようなことを私は言うことができません。ただ、最も安全にたどり着ける方法は、私の考えでは訓練分析を受けることです。分析設定の中で自分が変わるっていうことを身をもって体験していくってことです。

次に精神分析家に求められることはこんなことです。精神分析過程の中で、間主体的な場所でいろんなことが起こる。情緒を巻き込んでいろんなことが起こる。それに対してともに生きて夢見ることが可能である。もちろん彼にも夢見られない瞬間もある。つまり振り回されて考えられなくなって、つい行動に移しちゃうということです。それでも基本線としては患者と一緒に夢見ることを続けられる。

夢見ることの反対は行動すること、あるいは直接的に誰かをコントロールしていくことです。直接にコントロールするっていうことはたとえば、赤ちゃんはワーッと泣いただけでお母さんをおろおろさせることができますね。お母さんはあわてておっぱいをあげる。こういうかたちで患者は私たちをコントロールして、行動に駆り立ててきます。これを対象関係論という精神分析の学派の言葉では「投影同一化 projective identification」といいます。人間の心の中の考えは、思考というものは、もともとは最早期には「考えられる」ことができず、投影同一化という直接的コミュニケーションの中で人を動かしたり、行動をさせたりするということとして存在するんです。

人間は思考を、最初考えることができないんです。人が自分で考え出して思考があるのではない。思考は最初から、考えられる前からすでにあるのです。思考というのは伊藤先生の言葉で言えば内的スキーマとかいうのに近いと思いますが、そういうものは最初からある。でもそれは、最初は考えることができない。対人関係の中で人をコントロールしたり、振り回したりする中で作動しています。それを考えられるかたちに自分のこころに収納していくことが精神分析であると言ってもいいんです。考えられる、あるいは夢見られるかたちで。精神分析を受けて得られる心的変化はその方向に人を促進するんで、セラピスト、分析家が精神分析を受けるということは、やはり役立ちます。

それからもう一つはやっぱり精神分析の理論的・技法的伝統を絶えず十分に知っていて、十分に忘れて、十分に再発見して、十分にそれを生きるっていうことが大事だと思うんです。ただ知ってるだけだと縛られがちなんですけど、忘れないといけない。忘れるっていうことがおそらくできることが一人前なんだと思います。これはオグデンの受け売りだけど、忘れる、十分に忘れられる。つまり十分に忘れるっていうことは、スペースが生まれますよね。そこに何をつくるかっていうと、患者さんひとりひとりとのあいだに新しい精神分析をもう一回再創造するっていうことができるかどうか。

精神分析を再創造する

精神分析っていうのは一回一回違うものだと思います。この患者とのあいだで起こった精神分析と別の患者さんのあいだで起こった精神分析は同じとは言えないでしょう。よい精神分析家はおそらく、別の患者さんには別のことをやっていると思います。オグデンの本にはおもしろい喩え話がある。別の患者が虫か何かになって壁にへばりついていて、ほかの患者との分析を見てるとする。すると「お前、全然自分のときとは違ったことやってるじゃないか」と思う。しかし、虫になっている患者はそれを嫌がらないっていうか、「それで安心するだろう」、と彼は書いてます。

私はさっき言ったように今セラピーを含めても七人としかやってないわけなんです。週四とか五だけでやるとせいぜい五〜六人しかできないですよね。同時期に関わってる患者はとても少ない。関わってる患者が少ないということは、裏を返せばひとりからたくさんもらわなきゃ分析家は生きていけないっていうことです。患者の負担は当然大きくなる。多くを要求することになります。ドイツなんかでは最初の三〇〇セッションが保険でカバーされててタダで受けられるんですけど、そういうことがない日本では最初からたくさんもらわなきゃいけない。

さきほどスキーマ療法の話で、スキーマ療法になると長くなるという話がありました。こころのありようそのものを相手にすると長くなる。精神分析は三年以内に終わるっていうことはまずありえない。それはおそらく精神分析が上手くいかなかった、あるいは途中で頓挫した証拠であって、ほんとうにことが起これば、四、五〜六年は続くと思うんです。最初の一〇〇セッションなんていうのはもうほんとに助走です。やっぱり普通六ないし八ないし一〇年はかかるんじゃないでしょうか、フルに行けば。

週四回会って大体八〇〇〜千五〇〇のあいだぐらいのセッション数の中で人が何か変化してくっていうことを援助するようなものです。それは双方にとってたいへん大きな出会いです。分析家も人生でそんなにたくさん患者さんを分析することはできない。私がやった精神分析の患者さんって、今まで一一人しかいません、週四回以上の人は。

昔は、週二回、週三回、昔は週一回の人をたくさんやってました。僕が開業したころは週一回の人がほとんどでした。そのころは週一回の人を中心に十七～十八人はやってたと思うんです、開業したころは。

話は逸れますが、イギリスの分析家のデイヴィッド・ベルっていう人が日本に来たときにちょっと何か雑談したときに「先生、あなたは何人の患者さんを診てますか」と聞いたら、彼は「週五が四人、週二が一人、週三が二人かな」とか言ってたんです。だから七人しか見てないわけですよね。トータルで三〇セッションほどやってるけど。彼も私に、「お前は何人診てんだ?」って聞いたんです。私は「十七、十八」とか言ったと思うんだけど、そしたらもう向こうは心底びっくりした顔して「お前よくそんなたくさんの人間のことが覚えていられるな」って言ってました。

精神分析家というのは訓練してもそのままなわけではありません。実践を続けていき、精神分析の内側にきちっと自分を位置づけ続けられるか、分析じゃないところに外れるかどうか、そういった葛藤、あるいはある種の弁証法的な対話のなかにとどまりつづけて、さらに精神分析を一人ひとり患者とのあいだで再創造している人なのです。

精神分析の設定

時　間

次に設定です。これがものすごく大事なんです、精神分析では。設定と分析家しか用意するものはないですから。分析家のありよう、いま話したようなありようは、マニュアルになるようなものではないことなんです。ところが、設定は結構マニュアルになる。まずここを定める必要があります。精神分析の特徴は、非常に明示的で契約的な設定が分析家から提示されるということです。定期的にほぼ一時間のセッションをもつ。これは五〇分でやる人、四五分でやる人がいるんですけどね。私はもうずっと五〇分でやっています。年取ったから四五分でやるようにしたい気持ちはやまやまなんです。つまりトイレとかの頻度も増えたし、年取ってきて疲れやすくなってるし。だけどできない。からだにしみついているんでしょうね、五〇分たったら一〇分休んで次の人が来るというリズムが。ずっとそうやって生きてるわけですから。

四五分と五〇分じゃ疲労度が全然違うような気がするし、ちょっとメールを見たいなとか思ったりするのが五〇分だと厳しいんだけど、もう若いときに五〇分で始めちゃったから途中で変えられないんだ、これが。途中で変えたら大変なことが起こるような感じもする、多くの患者とのあいだで。だから我慢して、変えるのはやめてるんです。とにかく、五〇分か四五分の一定時間でかつ無期限というのが精神分析の時間的設定です。いつまでって決めてない。

セッションは週に四～五回、一日に一回もちます。できればひとりの患者は八時なら八時、九時なら九時といった感じで同じ時間帯にやった方がいいと思う。精神分析だと週四～五回、精神分析的セラピーだと週一から週三。週一がこんなにやられているのは日本だけで、外国だとたいてい週二～三回ですけどね。頻度の問題はとても重要です。

そして定期的な週末によるブレイクがあります、当然。それから休暇によるブレイクがあります。現在は休暇中です、私は。八月は一カ月休暇をとってます。だから完全に患者とは会っていないんです。この休暇はヨーロッパのブルジョワ社会の慣習から自然発生したんですが、毎日毎日会ってた人と一カ月ボンと会わないということにすごく意味があるということに、精神分析は気づいたのです。このブレイクがあること、続いてセッションをもつ時期があって、ブレイク、また続いてまたブレイク、っていうこの繰り返しのリズムに精神分析は非常に大きな価値を見出しています。乳児的なこころのありようがこのなかで活性化するんです。分離とつながりというということが大きな意味をもちます。

カウチ

あとはカウチを用いることです。分析的セラピーの場合は用いないこともありますが、ある種の間接性を交流のなかで維持します。対面で昔やってたころ、僕はたいていセッション中、目をつぶってました。どうして目をつぶってたかって言うと、これは土居健郎、狩野力八郎という僕のスーパーバイザーたちのスーパービジョン中の態度の取り入れです。もう土居先生はずっと目つぶってこうやってて、「こいつ寝てんのかな？」って思うわけです。実際寝てるときもあったと思うな。

一同：（笑）

藤山：ずっと眼をつむってる。だから全然聞いてないみたいに見える。「聞いてんのこいつ？」って思う感じがあるんです。つまり何か間接性のある交流というか、向こうが何か言ってきたらすかさずこう言う、というような、当意即妙の受け答えみたいなものの正反対みたいなところがある。目をつぶってボーっとしてる。つまり隔離されている、ある意味。カウチになると、完全にそうなる。向こうは私の顔は見えないし、こちらも患者の顔はみえない。フロイトは患者から見えない位置に坐るようにと明確に書きました。

でもカウチっていうのはむちゃくちゃ親密な間柄を作る装置でもあります。患者さんが立ち上がればジトーッと汗がついてたりするんです、うん。直接的な感触がある。枕のカバーも患者ごとに決まったのを用意して替えてますしね。実際そこに誰かが寝てるっていう状況が結構生々しいものですよ、大人同士の場合。非常に親密だという側面もある。

かつ社交的関係からは離れてる、つまりニコニコするとか、愛想よくするとかは必要ない。もちろん患者が来たら玄関口で普通ににこやかに「こんにちは」とか言うんだけど、カウチに寝ちゃったらセッション中にニコニコする必要はないわけです、見えないし。まったく見えない、表情は見えない、お互いに見えない。対面の普通のサイコセラピーとかってどうしてもお互いニコニコって感じに支配されやすい。精神分析のセッション中にはそういうこと、儀礼的なものは一切必要ないわけです。それぞれが自分のプライバシーを維持できるところがある。そこが精神分析の特殊なところです。プライバシーが維持できながら、あるいはできるからこそ、非常に濃密な何かがふたりのあいだに起こってるっていう、非常に逆説的な設定なのです。

料金

あと次に料金。時間を賃貸するってフロイトは書いた。英訳では「lease」っていう言葉が使われている。時間枠をリースする。そのうえで「患者が使わなくても責任は取らせるべきだ」って書いてる。つまり「リースしたんだから患者が使わなくっても金はもらう」って言ってます。それが基本です。私はその原則に非常にタイトで、ほぼどんなことがあってもお金はいただいております。

どんなに合理的な理由、試験だとか、弁護士の患者が「公判があります」って言うとか、そういうことがあっても「そうですか」って言いながらお金はもらう。大学教員の患者で「三カ月間海外研修」って言われたことがありました。「お気をつけて」とか言いながら帰ってきた最初のセッションで三カ月全部もらう。そういうことをやって生きてます。その人はそれは当然のことだという感じで払いましたけどね。それが大事だと私は思ってます。

つまり、患者がこちらを強欲で貪欲だと思うチャンスをちゃんと与える必要がある。親っていうのは強欲で貪欲なんです、ある意味。患者のこころのなかの親はもっとそうかもしれない。私はいい人ですよ、みたいなことを患者に思わせることは非常に分析にとってよくない。それはある意味、非常に不親切で不誠実なことです。患者に、私がちゃんと世間的欲望があり、自分の払ったお金で生きてる人、そしてそれに悪びれていない人だということをちゃんと知らせる必要があるんです。

そのためにはそういうことには厳密である必要があります。これは松木先生なんかもそんなに厳密にやってないっていうことが最近分かったんだけど。「強欲なのは僕だけなのか？　日本で」って思ってんだけど（笑）。でもやっぱり大事なことじゃないかと私は思っています。患者さんがひとりの人間としての私、現実的な対象としての私を体験できる機会をちゃんと与える必要があるだろうと思います。

自由連想法規則

あともう一つ重要なのは、自由連想法規則です。フロイトは「心に浮かんだことを自由に話していいよ」って患者に言えって書いてないんです。「心に浮かんだことを全部言いなさい」って言うようにと書いてるんです。フロイトは論文のなかでその規則を告知する言い方を直接話法で書いているんですが、原稿用紙六枚分ぐらい詳細にセリフを書いています。「もうどんなに恥ずかしいことでも、どんなに嫌なことでも、どんなに話題を逃げたくなってもとにかく浮かんだことを全部しゃべれ」って、こういうことをフロイトは書いてる。

それはとても大事なことだと私は思います。私も基本的にはそういうふうに患者には言ってます。非常に自由です。話題も決めないし、認知行動療法みたいな、ある種のセッション時間の構造化はありません。だから患者は唯一、頭に浮かんだことをしゃべらなきゃいけないっていうこと自体だけに支えられています。それが患者の仕事なんです。「それが仕事だよ」って言うことは患者を楽にすると私は思っています。「どうしたら、何をしたらいいんですか？」って患者が思ったとしても、「ああそうか頭に浮かんだことをしゃべればいいんでしたね」っていうふうになる。それしか本人はやるべきことはない。きっちり、セッションのなかでの役割を患者に与えることで患者の不必要な不安を減らしているのです。

この分析的な設定っていうものが非常に大事だと私は思っています。この二つ、分析家と分析の設定があるところで、精神分析というできごとはひとりでに生まれるわけです。その患者なりの、その患者の場合にしか起きないユニークなできごとが生まれてきます。言いかえれば、このできごとこそが精神分析なのです。フロイトは、分析過程は始まるとどうなるかは誰にもコントロールできないと言いました。それは自生的なもので、ひとつの生き物と言ってもいいようなものなのです。

分析設定にはさまざまな緊張、逆説、パラドックスでもいいし、難しい言葉を使って弁証法的対話 dialectic と言ってもいいかもしれないけど、ある種のテンションが存在します。そのテンションこそが分析的な過程を駆動していくんだと私は思っています。つまりカウチ設定にはさっき言ったように、隔離していながら極度に親密であるとかいう逆説がはらまれてるし、自由連想設定には自由に何でもしゃべっていい、どんな話題でもどんなにこっちを罵ってもどんなにこっちを罵倒してもいいにも関わらず、「頭に浮かんだことは絶対しゃべれ」と言われているという非常な拘束感があります。非常に自由だけど拘束されてる感覚がある。こうしたテンション、またちょっと難しい言葉を使うと弁証法的緊張こそが大事なんです。

「患者を聴く」

その精神分析というひとつのできごとのなかで、患者がしなければならないことは明示されています。自由連想をすることです。では、精神分析家は何をしているのでしょうか。精神分析家が何をしているかというと、「単に聴け」とフロイトが言ったことに尽きるかもしれません。ここで重要なのは、「患者の言葉」を聴いているというよりは「患者」を聴いているということです。精神分析っていうのはいまここでの患者を聴くものです。「患者の言葉」は耳で聴くのですが、「患者」は情緒的な接触を介して聴くのです。そこに焦点があるわけです。私たちは患者の言葉を聞いてるんじゃなくて、患者と自分のあいだに起こっている情緒的なできごとを聴いているのです。それは結局、自分の情緒に耳を傾けていることになります。患者の話は聴いていないのです、あんまり。

「君は話ばっかり聞いて、話ばっかり分かってしょうがないじゃないか」とか言われたわけです、スーパーバイザーだった土居先生に。「君はすぐ患者の話を分かろうとするな」とか。「わからなくていいんだよ」とか「もっとちゃんと何が起こってるかを考えなさい。君はこの患者さんと一緒にいるとすごく落ち込んでるじゃないか」「えっ？　そうですか」みたいなやりとり。言われてみると、私は治療の成り行きに悲観的になり、落ち込んでいたわけです。落ち込んでやる気がなくなってる自分を自覚したくないから、患者の話を一心に聴いて何か仕事をしているぞという気分を作って、自分を鼓舞していたに過ぎないわけです。「患者」を聴いてないことの防衛として「患者の話」を聴くということが起きていたわけですね。

患者を聴くことが大事で、患者の話を聴くことは私たちの本来の仕事ではないという、そこにある種のテンションが生まれます。日常生活にはない課題だからです。ふつうの人間関係だと人の話を聞きたくなるものです。私たちは、その上、思ったことは何でも言いなさいと相手に圧力をかけてもいるんです。それなのに話を聴かない。日常生活での癖から自由にならないといけない。たとえば「私はもうじゃあ治療やめます」とか言ったり「もうじゃあ帰りますから」って言うことを始終言う患者がいたとします。実際患者には、ほんとに帰っちゃうような人もいる。途中で。「帰りますから」とかって言って「もう今週は来ませんから、一週間分置いていきます」とか言って、バーンと金を置いていくとか、そういうことが起きる。「いやそれ週の最後のセッションでいただくことになってますよね」とか言っても「ああそうですか。でも私は置いてく。今週は来ないから。置いてく」って帰っちゃう。だからと言って私が「帰るな」と言うとしたら、やはり分析的なスタンスから滑り落ちている。その瞬間の私は精神分析家ではなくなってます。本来の私の仕事は、帰ってほしくない自分の気持ちを通じて、患者が何を私に望み、それはなぜなのか、といったことを考えることでしょうし、その考えをもとに何かを話すことでしょう。

こういうことは日常生活では全然起きない、不自然なことです。精神分析家はとても不自然なことをすることになります。でもその場にいる私は、ごく自然にそういうことをしたり言ったりしている。私は精神分析家としての私がふるまうに任せているのです。

このように精神分析は非常に不自然なことなんです。自分の中に起こってるものを使って、そこで起こってることは何なのか、そして私はそこで何を本当は体験してるのか、その体験の背後に患者はどのような形で寄与しているのだろうか、そうしたことにだけ自分を方向づけて、そこにいる。そうしたタスクの中に自分を絞っていくことが精神分析家のありかたです。そこにいると、往々にしてすごく何かを教えてあげたくなったり、何かを保証してあげたくなったり、助言してあげたくなったり、逆にものすごく頭に来るから罵りたくなったり、いろんな気持ちになるけども、そこを越える。越えるっていうかそこをとりあえず保留しながらそれをごまかさないで、そういう自分の体験を根拠に患者のことを考える。そして言うことは、その患者のことについての考えにしぼる、それが分析家の仕事なんです。

精神分析とはどんな実践か

そういう分析家と設定と患者がいて、精神分析というのはどういうできごとで、どういうな実践なのか。そもそも何のためにおこなわれるのか。

普通の医療や心理臨床は患者が治る、症状が取れる、苦しみが取れるためにありますね。しかし、精神分析はちょっと違う。患者は何らかの、考えたり夢見たり変化したりすることの障害を意識的・無意識的に感じ、それを変えようとして分析を求めています。精神分析はそうした人間のこころのきわめて人間的な機能を変化させ促進させるのです。その結果として、たとえば無理が減った結果として、患者の症状がよくなったりもします。でも治るということは、目的というよりは付随して起きる結果なのです。

患者が言語的にそうした動機づけを語る必要は特にないんです。別に、無意識的にああこの人は分析的なものを求めてるな、ってことがこちらには分かる。だから分析を供給するわけです。分からない場合はちょっとまだモチベーションが熟してないからは無理だな、と思う。子どもなんか当然、何もそんなことを言葉にしない。子どもはほんとにすぐ分析的な設定の中に入ってきて、分析的にどんどん動き始めます。解釈にもうビビッドに反応していくっていうことがあります。

とにかく、分析設定、分析家、動機づけのある患者がいると、そこにある特殊な間主体的できごと、転移、逆転移、抵抗、退行とかいわれるような言葉でよく言われるような、独特な二人のあいだのできごとが起こります。この独特のできごとこそ精神分析が取り組むものなのです。精神分析は、よく思われがちな、患者の語った言葉に対して何か理解を提供したりしてやっていくようなプラクティスではないんです。独特なできごと、患者それぞれにユニークなそのできごとと取り組むのです。そうしたできごとは、患者が人生のなかで反復してきたできごと、患者の人生の苦しみをかたちづくっているできごとなのです。そのできごとを、私たちは患者といっしょにふたりでなんとか夢見ていけるように考えることのできるようにしていきます。精神分析はそのためのプラクティスなんです。

解釈というもの

分析家はそこで患者といっしょにいて体験することがどんなふうかということを、夢見るっていうか、意味を与えていくっていうか、言葉を与えるという仕事をします。分析家の体験する衝動、情緒、身体感覚の思考は元来原理的に言ってほとんど言葉に変換できないわけですけど、それを比喩的に言葉を与えていこうと努めます。

情緒っていうのは言葉にほんとはならないのじゃないかと私は思うんですが、それに言葉を与える。そうはいっても、自分がどんな気持ちであるか、どんな体験をしているかっていうことは音声化するわけではありません、分析家は。精神分析では基本的に言って、そういうタイプの自己開示はしないわけです。ついしちゃうこともあるんだろうけど。

もちろん、精神分析家が自己開示してないっていうのは実は事実ではない。ほんとはしてるんです。本なんか出してるし、私は落語会もする。本も読まず、落語会のことを知らなくったって、私のオフィスに入れば大体どんな人か分かったりするかもしれない。だから、ある種の自己開示がないわけはない。けれど、患者との関係で出てきた情緒や衝動は、できるだけ音声化しないで、そうした情緒的体験を通して、いま自分がどんな気持ちなのかっていうことを介して、そこで起きているできごとについて夢見ることを通じて、患者のこころのなかの世界に言葉を与えていきます。患者の過去や無意識や内的対象世界といわれているものとつないでいくことができたら、もっといいでしょう。その場の体験からそうした形で一つの理解が紡ぎ出されてくるわけです。

そうした想像や理解の一部もしくは全部を、分析家は、患者の分析的仕事に役立つと思われる瞬間に――ここがものすごいあいまいな言いかたで、いつどのタイミングで介入するかっていうことは技術的にはものすごくデリケートな問題ですけど――口に出します。「ああ、あなたは、今私のことをものすごく好きだから、そしてものすごく好きだということに対してものすごく腹が立っているから、だからきょうはずっと黙っているんだと思いますね。それは、あなたが中学生のころあなたをわかってくれないお母さんに思ってたことに似ているような気もしているかもしれませんね」っていうようなことを言うわけです。

この発言、こういう発言を解釈と言いますが、それは私の情緒的体験から導き出されたものです。この患者からすごく愛されてるっていうことに対するある種のちょっとだけ嬉しいような気持ちと、でもそれに対する何とも言えないそれについての微妙に不快な気持ち。それをちゃんと味わった上で、そこで患者の無意識が何を体験してるか、それを言葉にするわけですよね。

「あなたが誰かを愛するとき必ず腹が立ってくるという話を前回しましたしましたね。今ここでまさに私とのあいだでそれが起きているのかもしれない。それはひょっとしたらこのあいだ言ったことがいかに大事なことかっていうことを私がわからないだろう、という失望と私に今こそ分からせたいっていうそういう強い建設的な気持ちとが混じり合って起きていることかもしれません」とか言うんです。これが解釈というものです。

精神分析家の解釈っていうのはほぼこういうふうに、ここで起こってることに対して何かを言うってことです。場合によってはさっきの発言にたとえば、「あなたはそういうことを、部長さんともう経験してたんじゃないですか？　そしてその部長さんはそれを利用してあなたに何かちょっかいを出してきたんですよね」っていうようなことを言う、つまり現在の生活状況とのあいだを繋いで何かをいうかもしれません。場合によっては「それはまさにあなたのお父さんとのあいだで起きていたことですね」とか言う、つまり過去の人生とつなげることもあるでしょう。何に繋げてどこまで言うかということは場合によるでしょうが、結局大事なことは、ここがベースだということで、あっちがベースじゃないということです。ここが大事なんです。ここで起きている何かこそおもとなんです。

分析家として生き続けること

分析家として生きるということは、こういうことをずっと年がら年中やってるっていうことです。年がら年中、週四回五回患者と会いながらやっていく。年がら年中やってると患者もものを考えられたり、夢見たりすることが徐々に、徐々にできるようになってくる。

それは結局、ある意味ではこちらを、こちらの機能の一部を取り込んでくるということもあるし、ある意味では患者の中で考えられなかったものに名前がついてくるっていうことでもあるし。名前がついて考えに、思考に利用できるかたちに変形されれば、患者のこころの中でブロックされてた思考過程が動き始めて、ものを考えられるようになります。新しい意味が人生や生活や自分自身に対して生まれていきます。そうした過程を夢見ること、と精神分析は呼びます。精神分析は夢見る／考えることの援助なんで、それをずっとやっていくっていうことになるわけです。

精神分析家はそのとき何をしてるかっていうと、情緒的な接触というものを分析家は体験してます。情緒とか感情っていうのは、さっき伊藤先生も「情緒っていうのは、気持ちっていうのはコントロールできない」っておっしゃいましたが、そうなんです。気持ちそのものはコントロールできない。「自分の気持ちをコントロールしなさい」とか訳の分かんないこと言う中学校の教師とかいましたけど、コントロールできませんから、気持ちは。それは自然に出てきちゃうものです。自生的な体験です。つまり、自分の情緒というのは、そもそも他者性を帯びているものなんです。思うがままに動かすことができない体験部分であるという意味で、情緒は他者です。思考や意志よりはるかに他者です。患者のこころのなかの一部分は、私たちのこころのなかで、他者性を帯びた情緒という場所に棲みついていきます。患者のこころの一部分が分析家のこころの一部分になって、分析家のこころのなかで生きていくわけです。フロイトがすでに気づいていました。すごく攻撃的なお父さんとの関係の中で結局お父さんのように攻撃的になってしまう子供がいる。あるいは、その後の精神分析が気づいたのは、患者さんのお母さんが患者を見捨てるようなお母さんだとすると、段々こちらが患者を見捨てたくなってくる。つまりその患者さんの内部の見捨てる母親に私たち自身がなってしまう。こうして患者のこころのなかの重要な部分、自分だったり母親だったりが分析家のこころ、私たちのこころに棲み処を見つけるわけです。

この過程、そういうプロセスこそが重要なのです。こちらがよい存在でよい体験を与えて、それが患者のこころに取り込まれてよいこころの世界ができる、というようなことではないのです。それどころか、こちらがもうまるっきり悪いものとして体験されて、あるいはほとんどの場合、そして実際自分は悪いことをしそうになっていく。患者に対して非常に批判的になったり、意地悪になったり、主体性を認めなかったり、懲罰的だったり、そういう存在に限りなく近づいていく。

分析家は、そうなりそうな自分をもちこたえます。分析設定という枠組みはこのときたいへん役立ちます。実際に行動に移すことなく、そういう自分というものを夢見て、考えようとしていきます。湧き起ってきた体験通りにふるまう、つまり患者に対してほんとに批判的に何か言ったり、逆に情緒を体験することを避けて知的に処理してしまうのではなく、実際に情緒的体験をしながらそれをずっと夢見続けることが分析家の仕事です。自分の中の対話を繰り返していく、ずっと維持していくっていうことです。情緒的な接触を持ちこたえて、ごまかしたり拒絶したりないものにしたり知性化したり行動化したりしないでそれを夢見る。、それが生きてるっていうことです。分析家として生きてるっていうことです。

分析家として生き続けること、つまり生きたこころを持って患者のそばにいるということが、分析家の一番メインな仕事です。もうそれでほとんどです、私の考えでは。その上で何を言うか言わないかなんていうのは、表層レベルのことかもしれないと私は思っています。もちろんそこから滑り落ちていく、つい何か変なことをやっちゃったりするかもしれない。そのとき、変なことをやっちゃったことに対してこちらはちゃんとオープンになることが大事です。

よいものを与えることが仕事ではない

大変大きな失敗をすることもありうる。たとえば患者のある種の退行的な動きに対してこのままこんなふうなことをさせといたままでは治療が永久化するぞと思うことがある。その感覚を持ちこたえられない。ある種の閉所恐怖的 laustrophobic な、窒息しそうな気持を持ってしまう。すると分析家が余計なことをつい言ってしまう。それに患者は傷つく、それから何年も患者が分析家を攻撃し続ける。その傷つき、怒りに対して、ごまかさず防衛的にならずにつきあうことはなかなか簡単なことではありません。罪悪感が私たちを捉えてしまうから。でもそこをやり通すと、患者に希望が生まれます。つまり、自分の怒りが正当に受け止められることは患者の深いところに希望を生むのです。

私は失敗をする。でもよいものを与えることが仕事じゃない。患者の親がした失敗、あるいは患者の環境がした失敗は分析状況で確実に繰り返されていくものです。毎セッション毎セッションミクロに、あるいは、いま挙げた例のようにマクロに。そこが大事なんです。

よいことを与えるということが分析の仕事ではない。患者がかつて越えられなかった悪い体験がここで繰り返されて、激しい患者の怒りや攻撃にもかかわらず分析家はなお生き続けて、決してその体験をごまかさないで一緒にやっていって、ついには患者がその体験を自分なりに夢見ることができるところまで付き合い通すということ、それが精神分析でやっていることです。

だからよいことを供給するっていうスタンスはあんまりない。どっちみちストレートによいことは供給されないと私は思ってます。分析は患者にいい顔をしたくてもそれは無理だということを教えてくれます。いまのような過程のなかで、患者は生きてる分析家に触れて、それを部分的に取り入れたり、治療者のものを考える機能なんかを少しずつ吸収したりして、だんだん患者の機能が高まってくるのです。だから夢見た結果としての解釈という言葉そのものによって患者が変化するというよりは、このプロセス全体の中で人が変わっていくのではないかと私は思っています。これは私がそう思うのであって、おそらくたとえば松木先生はそう言わないと思います。松木先生は解釈の内容を大事にしてますから。私は解釈そのもので患者が変わるというよりも、解釈する分析家でいる、いつづけることに重点を置きます。解釈していくことが分析家が生きていることの一番重要な徴候です。分析家が解釈できるっていうことは彼がこの場面で分析家として生きていて、死んでおらず、投げ出しておらず、絶望もしていないことを示す、一番重要なふるまいなのです。解釈しようとしていられているっていうこと。ものごとを解釈しようとして、ものごとを分かろうとしてそこにい続けられているっていうこと。それがだいじなわけです。それがもしできないとしたら、患者に迎合するか患者の言うなりになるか、あるいは患者を拒絶するか、あるいは考えないことにするかっていうことになっちゃう。どれも分析家としては死んでしまうということです。だから患者と開かれ続けてずっと付き合い続けるっていうことが大事なんです。

精神分析の目的

そうすると最も重要な課題は、癒し手であるとか、精神科医であるとか、心理臨床家としての自分ときちんと距離を取ってかなきゃいけないっていうことであると私は思っています。それは普通の治療とはやっぱり違うので。やっぱり精神分析の目的は患者をよくすることではないので。「それは結果だ」ってさっき言ったように、精神分析の目的は精神分析をすることです。精神分析を二人ですればこの人はきっと何とかなりそうだっていうことを本当に感じられるような人とやれば、精神分析はおおむね何か患者に役立ちます。分析をすれば何かが起こるっていうふうにこちらが感じとれることが大切です。

訓練はそのためにあるんです、結局。この人だったらオフィスに連れてくればいいことが起こるということが実感的に感じられるためだと言ってもいい。オフィスでやってるっていうことは、変な人を連れてきたらえらいことになるっていうことを意味しています。えらいことになります。一対一ですから。誰も使ってないんですから、私一人ですから。どんなことが起こるか分からないです。だからそこがとっても大事なことなんです。

逆に言えば、一人でそこにいるっていうことにやっぱり患者はものすごく大きな何かを体験してるはずです。ここには誰もいない。このスリッパ一つこいつが買ってきてここに出してある。このトイレのこのタオルもこいつがかけたんだっていうことがものすごく大事なことなんだと私は思っています。わりとそういうことは非常に厳密にやっております。私、毎週毎週花を買いに行って、生けてます。はっきり言って一〇年ぐらいやってると上手いんです、これが。

一同：（笑）

藤山：「それいらない、こっちにして」とか言いながら、毎週同じ花屋と交渉してるんです。二千円ずつ買うんです。ずっとやっていくこと、そういうことだと私は思ってるんです。

精神分析っていうのはいったん始まるともうコントロールできません。私たちにコントロールできるのは設定だけなんです。設定はコントロールできます。「はい、この中に入ってください。」「はい入りました」、設定はきちっと守り続けることができます。しかし、ここで起こっていることはもう、それはふたりのあいだで起こっていることですから、何が起こるか分からないです。それは分からない。分からないけど漠然として私は希望を持てるし、希望を持てる人しか連れてこない。それって結婚ともう同じです。「こいつだったら大丈夫かな」ってつい錯覚して結婚するじゃないですか。その大丈夫だ、の意味は変わるけども、やっぱり最終的に別れない夫婦は大丈夫ではあったわけです。あんなふうだとは思わなかったけどでもやっぱり大丈夫だったとか、そういうふうになるわけでしょ？　そういうことでしかないと私は思います。遊びの目的や夢の目的は遊ぶことであって夢見ることであると同じように、精神分析の目的は精神分析をすることです。分析的な過程に委ねるということなのです。サッカーというゲームに何か委ねて、いいサッカーしてれば面白いじゃないですか。勝とう勝とうと思うとろくなことないんです。やっぱりちゃんといいサッカーするっていうことが大事っていう、そういう話なんじゃないかと思ってやっているんです。

セッションの中のできごと

セッションの中のできごと、これはもう大事なことで、セッションのなかだけでできごとは生まれてないんです。もちろん内部でも生まれてますけど、外に持ち出されまくってるんです、毎日毎日。つまりセッション外で精神分析は展開しています。

もうすでに精神分析の歴史の初期から行動化という現象にフロイトは気づきました。一九一四年の「思い出すこと、繰り返すこと、ワークスルーすることRemembering, repeating and working-through」という論文で、患者はAgierenすると言った。行動化acting outっていうのはAgierenの英訳ですけど。何かをやるように駆り立てられちゃう。つまり考える代わりにやる。人間はそういうもんだ。つまり「ここで考えられなかったことを外でやる」。すべてのセッションのインパクトはセッションの外に及びます。

つまり分析によって患者の実生活は構造化され、組織化されます。実際の対人関係、患者が毎晩毎晩見る夢、あるいは過去の記憶、みなそうです。過去の記憶なのにどんどん変形されていきます。親のイメージが変わっていくとか、「あのとき実はほんとは母親はいたんだ。いなかったと思ったけどあのとき、ほんとうはいたってことが分かりました」って泣いたりとかする。そうやって変形されていきます。

非常に逆説的なんだけど、精神分析では、面接室のなかのことばっかりに集中していながら、それによって面接室の外部がどんどんどんどん変わっていくんです。普通の多くの精神分析のプロセスではまず、外の生活、行動状態がよくなります。逆にここではとんでもなく難しくなっていきます。そのここでの問題に取り組んで、それを超えて、最終的に私と離れられれば治療は終わります。

外が一気によくなって、「もうよくなったからもうやめます」って言うのは、「健康への逃避」ってフロイトが名づけた現象です。もう内的なことはごまかして健康にさっさと逃げちゃう。「でもそれはどうせ戻ってくるっていうことになる」ってフロイトは言ってるわけだけど。

生活療法としての精神分析

精神分析っていうのはセッションも重要ですが、それだけが大事なんじゃないと私は思ってるんです。精神分析は生活療法なんです。つまりある時期、そういうセッションという刺激を毎週何回か与えられながら、人生を生きている、そうした人生の一時期を供給することが精神分析なのです。私が毎日に近い頻度の分析がいいと思うのは、やっぱりセッションとセッションのあいだが二三時間しかないわけです。たとえば、夜夢を見てもは次の日の朝のセッションで回収されるんです。

大事なことは、毎日患者は夜夢を見ますが、夜見る夢のほとんどは精神分析の夢を見るわけです。分析の夢っていうのは別に直接に分析セッションのことが出て来なくても、分析セッションとつながっているとしか思えないような夢を見る。つまり、患者の無意識の生活っていうのが、毎日毎日やっていくうちに、精神分析のなかでの関係、ここで起こっているできごとの文脈で組織され構造化されてきて、触れやすくなっていきます。そのためには、やっぱりかなりの頻度のセッションを、できれば毎日患者の実人生に投入するほうがよいと私は思っているんです。

私は週二回やるときも、月曜火曜とか水曜木曜とか、続いた日でやるほうがいいと思ってます。続いた日でやるとやっぱり少なくとも、火水でやると火曜と水曜のあいだは続いてますから。だから続いているということと切られていなくなること、繋がりと分離、誰かが供給されていることと剝奪されることとのリズムを最小限体験できる。

毎週何日か続けて会って、そして週末になるとぽんと切り離される。そういうことをずっと続けていく、そのリズムのなかに精神分析はあるのです。そういうことをやっている人生の数年間を患者に供給するような、そういうものなんです。だからセッションの中だけで何かが変化していくわけではない。

患者に何か解釈しても、よい解釈であればあるほど患者は「そうです」とか言わないわけです。聞かなかったり、聞いてないとしか思えない態度とかとってるわけですよね。しかし、ちゃんとその解釈は患者の無意識にある種のインパクトをもっていて、意外に外の生活の中でその解釈を利用したりする。何年間かすると、さも自分が思いついたことみたいにその解釈と同じことを言ったりするなんてこともある。

つまり患者の無意識を相手にしてやっています。この無意識っていうものの想定っていうのが精神分析のもっとも大きな特徴なんです。無意識っていうのは、患者自身では動かせない。でも存在している。患者の無意識の部分は患者のこころの奥にあるとだけ考えているのではありません。投影同一化によってここでやり取りされて、分析家のなかに患者の無意識のこころの一部が棲みつく、という意味も含まれています。それに分析家がかたちを与えていくことで患者が受け取れる形にして患者に戻していく。単に考えられなかったことが考えられるだけでなく、そうした分析家のこころのはたらきそのものも徐々に取り込まれていく。そして、ものを考える力というもの、夢見る力というものが増大していくわけです。

そういうことをずっとやっているんです。それを面接室の内外でずっと毎日、毎日、毎日何年間かやってるという、そういう治療なんです。だから手間がかかるし、実現可能性はかなり厳しい。

週四回来ると年間一六〇回来ることになるんです、夏休みとかあるから。一万円だと一六〇万かかるっていうことですよね、単純に言えば。週五回だと二百万かかるんです。一〇年で一千万。皆さんここにいる人は若い人だからそれはえらく高いと思うかもしれませんが、おじさんやおばさんなんかで少なくとも外車に乗ってる人は全員分析を受けられるとは思います。その外車をやめればすぐ金が出てくる。だからそのモチベーションしだいなんです。モチベーション次第、何が大事だと思ってるかしだいです。

日本で精神分析がいくつ進行中なんでしょうね。週四回週五回というのを受けている人は、おそらく全部で百人いないでしょう。百人くらいかなあ。一億以上日本人がいて百人。

これが、精神分析的精神療法ということになると、おそらく何千人かやられているんでしょうね。二千とか三千とか。でも精神科の患者は全部で三百万人います。ほとんどそういうものの恩恵にはあずかれない。手間やお金がかかることで、いろんな人に行き渡らせることが原理的にとっても難しいプラクティスです。

だけどここで一つだけ言っておきたいことは、こういう勉強をすると、少しでも精神分析家の精神療法をセラピストとして実際経験してスーパーバイズを受けたり、ちょっと精神分析的な治療を受けたりすると、普通の臨床における能力はすごく上がると私は思っています。いまここでの関係、情緒的接触についての sensitivity は上がるでしょう。あと臨床家としての心構えが変わってくる。私は本当を言うと、どんな臨床も患者を治そうと思ってやってるようじゃ駄目なんじゃないかって思います。精神科医をやっているときも、私が患者を治すんじゃなくて、精神医学が治してくれるだけだと私は思っています。自分がちゃんと精神医学の僕《しもべ》として働けばいいのです。だからそういう基本的なセラピストとしてのスタンスとか、ここでの感受性の使いかたとかっていうことをトレーニングするには、力動的なものの訓練はなかなか役に立つと思います。認知行動療法の訓練にもなるのではないかと思うんです。認知行動療法やっている人も受けてみてはどうでしょう。

一同：（笑）

藤山：治療を受けてみたらいいんじゃないでしょうか？　そういうふうに思うのです。そういう意味では用途はあると思うけど、なかなか精神分析について景気のいいことは言えないです。また不景気な話でどうも終わってしまいそうです。

そういうことで、私の考える精神分析っていうものが何なのかっていうことについて一応お話したんですけど、皆さんがやってる臨床とはなかなかすぐにダイレクトにはつながらないかもしれません。ただ、精神分析ってそんなようなものがあるんだぞっていう、精神分析について語るときにこんなもの、こういうふうに考える考えかたもあるんだっていうふうに考えていただければありがたいと思います。

一同：（拍手）

司会（中村）：藤山先生ありがとうございました。いつものように本質的なことを明快に語っていただきまして、また改めて私たちも背筋が伸びる思いがいたしましたけれども。それでは、伊藤先生、ディスカッションをお願いします。

認知行動療法からみた精神分析

ます。

伊藤：すいません、指定討論とかディスカッションをするほどのことはできず、単に感想を垂れ流すだけになります。

私自身はそれこそ大学院が慶應で、小此木先生が現役で大学院の講義に毎週来てくださっていて、だからそこで、今思うととても贅沢な環境にいたはずなのですが、もともと基礎心理から臨床に入ったという経緯もありまして、それで精神分析的な素養がまったくないところでいきなり小此木先生の話を聞いても何もわからなかったんですね、ほんとに。何か多分すごいことを教えてくださっているんだろうけれども、ほんとにわからなくて。とにかく私はこういう世界はもうわからないんだな、と悲観的になっていました（笑）。

一方で、認知心理学を学んでいたので認知療法の世界は非常になじみがあり、そのまま今日に至るという感じで、そういう意味で言うとほんとに精神分析的な世界に触れずにここまで来てしまったんですけれども、縁があって藤山先生と数年前からお付き合いさせていただくようになり、それで先生の本を何冊か読んだところで、あっ精神分析ってめっちゃ面白いんだなということが少しわかってきた。先生の文章は私の中にすごく入ってくるんです。それで今日もお話を聞いていて、先生の本を読むのと全く同じ感覚を得ました。

精神分析家は精神分析を生きる

最初に藤山先生の本を何冊か読んですごく感じたのは、「精神分析家は精神分析家になるんだな」ということです。「精神分析家は精神分析家を生きるんだな」というのをすごく感じて、果たして自分はどうだろうかと考えたときに、私は別に認知行動療法家ではないんです。認知行動療法家を生きているという感覚は全くありません。アイデンティティはサイコロジストです。ただのサイコロジスト。認知行動療法はツールに過ぎず、サイコロジストの私はツールとしてCBTを使っているだけなんです。ですからそれと「精神分析家を生きる」という感覚の違いにすごく驚きました。

藤山先生の『落語の国の精神分析』で、やっぱり落語家は落語家になって、落語家を生きるんですよね。精神分析家も精神分析家になって、精神分析家を生きるんだ、と。藤山先生の精神分析の話を聞くと、私はよく村上春樹さんを思い出します。彼の言っている小説家っていうのも、やっぱり彼は小説家になって小説家を生きているんだなとすごく感じますので。そしてそれはやっぱり私の認知行動療法に対する感じ方とは違うんだろうと。違うんだろうとは思うのですが、私は精神分析家になってないのでやっぱりそこはわからないんです。「本当にさっぱりわからない」というのが正直なところです。

きょうのお話を聞いていて思ったのは、やっぱり精神分析はほんとに濃密な二者関係を作るんだなあ、ということ。精神分析の世界に二人で入っていくイメージですかね。ですからいいとか悪いとかじゃなくて、ある種の閉じた関係だけど、それが生活にも出てきちゃうから本当は閉じきってはいないと思うけれども、でも設定としてやっぱり閉じた環境を作っていくイメージ。お掃除の人しかオフィスにも来ないという、非常に閉じた分析家がそこにいるっていう環境を作るんだなあ、と感じました。

認知行動療法の場合、さっきもちょっと「節操ない」と言いましたが、たとえばうちのオフィスにはスタッフがいっぱいいる、お金も受付の人に払ってもらう、予約も受付に電話をして取る、みたいな感じです。私のセッションには陪席の人も入れてしまいます。場合によってはセッションを録音させてもらうこともあります。そういう意味ではかなり開かれた設定です。その違いが面白いなと思いました。

「夢見る能力」の操作的定義は？

「精神分析は何か」というと患者の役に立つ実践なんだと。ここまではフムフムと聞けるんですけれども、やっぱり私、わかんないんです。「ドリーミング」というのが。夢を見る、夢見る能力。もともとやっぱりちょっと基礎的な心理学をやっていたので、それの操作的な定義がほしくなっちゃうんです。夢見る能力とは何かと。質問紙を作ったらどういう質問項目になるのかとか、実験をするとしたらどういうふうに夢見たって判定できるのかとか。それはきっとできないことだと思うんですけれども、どうやって「夢を見ることができている」というのを判定するのか。いや、判定するものでもないとは思うんですけども、そして実感としてはわかる気がするんですけれども、頭で理解することじゃないのかもしれないんだけれども、やっぱりわからないなっていうのが正直なところです。

変化や成長を求めるというところは多分ＣＢＴと一緒だと思うんですが、多分ＣＢＴの入り口はちっちゃな困りごとから入っていくんです。非常に深いところに問題を抱えてる人でも、最初は「ゴキブリが怖い」とか「朝起きられない」とかそういうところから入っていって、だんだん潜っていくのだとすると、精神分析は最初からもう潜るんだなっていうそういう感じがしました。

ですので正直言って、藤山先生の今日のお話を聞いていても、それから本を読ませてもらっても怖いんです、精神分析って。怖いんだなっていう（笑）。

藤山：（笑）

精神分析は最初から「潜る」

伊藤：やっぱり認知行動療法とかスキーマ療法でやっているのは、おそるおそる潜っていくという感じです。そこまで潜っても大丈夫なように安全装置を作ってそこまで潜るというイメージ。潜れるところまでしか潜らないんです。

スキーマ療法をやっていてすごく面白いなと思うのは、第一クールでここまで到達できた、潜ってここまで到達できた。第二クールでそのときに気づかれてなかったところに、さらにもう一つ潜ることができたっていう感じで、とにかく安全装置を使いながらちょっとずつ潜っていくという感じなんですが、精神分析の場合はもう最初からどこに行くか分からないけどドーンと潜ってしまえみたいな、そういう感じがするので、藤山先生におうかがいしたいなと思ったのは、やっぱりどうやって始めるのかということです。

精神分析の始め方と、あと終わり方についてです。CBTにしてもそうですけど、やっぱりスキーマ療法に関しては始め方がすごく大事で、スキーマ療法に伴う痛みやリスクについて話しますし、実際にどういう進め方になるのかとか、理論的なところとか、技法とか、とにかく全部手の内を明かして「こうなるよ」と説明します。さらに「私自身はスキーマ療法をやってみてこうだった」とか「こういうクライアントさんがいますよ」といったことをガンガンに情報提供して、やるかやらないかどうするかっていうところを、それでもクライアントさんが迷いまくって、クライアントさんが決めたところから始めるんですけれども、そうすると精神分析はどうやって始まるのかななんていうのが非常に興味深いというか、おうかがいしたいなって思います。

あと、やっぱり終わり方です。CBTとかスキーマ療法だと最初からある種ゴール設定がされていて、そこが到達できたかどうかっていうところも一緒に判断して終えていくのですが、多分そういうことではないように、お話を聞いていて感じましたので、そのへんを教えていただきたいなと思いました。

なので、午前中にスキーマ療法に対して、藤山先生が「精神分析と食い合う」みたいなことをおっしゃったんですが、多分ＣＢＴはちょっと浅いところから掘っていって、スキーマ療法の第一クールでこのぐらい、第二クールでこのぐらいだとすると、多分精神分析はもうドーンってものすごい深くて広い世界を目指してるような気がするので、別に食い合わないんじゃないかなっていう（笑）そんな気がしました。

私自身はたぶんこの人生では精神分析家にはなれない。残りの人生はスキーマ療法に捧げようと思っているので、この世で精神分析家になるようなことはないと思います。精神分析では患者さんも精神分析を生きるのですよね。患者としてはちょっと生きてみたい気がするのですが、たぶんそれもしないと思います。そのお金があったらスキーマ療法のトレーニングを受けたいので。

一同：（笑）

壮大な行動実験としての精神分析

伊藤：とはいえ、ちょっと魅力的ですね。精神分析を生きるってどういうことなんだろうと。自分はそれを生きられないとしても、それを生きた人がどういう体験をしてどういうふうになっていくんだろうっていうのは、ある種もう壮大な行動実験みたいな感じがするんです。ものすごいお金と時間を使って精神分析を生きた。そういう人がいてそういう世界があるということを教えてもらっただけでも、私としてはものすごく興味深いし面白いなと感じています。

でもやっぱり私にはわからないことが多すぎて、コメントができないんですけれども、たとえば、さっきおっしゃっていた「精神分析家は精神分析を十分に忘れる」。もう忘れるってどういうこと？ みたいな（笑）。またそこもちょっと定義してもらいたいような気持ちにどうしてもなってしまいます。ただ、「どういうことなんだろう」という感じがしつつ、でも何となくちょっとわかるような気がしないでもないという感じ。

たとえばさっきおっしゃっていた「精神分析はそれぞれ違うんだ」と。それは確かに本当にそうなんだろうなというふうに思えるようになったのは、私自身がスキーマ療法を始めてから強く思うようになったことです。確かにCBTだって、AさんとのCBT、BさんとのCBTで違うんです。違うんですが、ある程度やっぱりマップがあって、ある程度同じ形で、導入する技法もそんなに違いはないですし、そういう意味で重なり合うところが非常に多いですが、スキーマ療法に入るとだいぶ違ってくるんです。やはりAさんのスキーマ療法とBさんのスキーマ療法、患者さんが見てもやっぱりだいぶ違うことをしてるように見えるかもしれない。

だからそういう意味では、CBT、スキーマ療法で潜っていって、相当それでも違うなっていうのがあるので、もっとドーンと潜った精神分析だとそうなんだろうっていう気がします。あと、もし自分が受けるとしたらとても恐ろしいです。ていうのは、やっぱりセラピストがいるんだけども、いないんですよね？ いるんだけどいないところで、要は心に浮かぶことをすべて話すって、CBT的に言うと自動思考を全部話せっていうことだと思うんです。

自動思考を全部話すことの怖さ

CBTがクライアントに求めるのは自動思考全てに気づけということです。気づいてそこに湧き上がってくる感情にも全てそのまま触れましょうということは求めますが、それを「すべて出せ」とは言いません。

クライアントの中には触れること自体を怖がる人がいますし、それを口に出しちゃってセラピストにどう思われるだろうとか、あるいは私が今担当している統合失調症のクライアントは、別の考えが入りやすくて、その入ってきた考えを私に言っちゃうと酷いことが起きるからと言って、ホームワークの自動思考の記録用紙がほとんど伏せ字なんです。「ピーッ」と「ピーッ」と「ピーッ」と思ったとか。

一同：（笑）

伊藤：「ピーッ」の内容は語られないので私にはわかりません。でもそれを私たちは受け入れるんです。自分で触れられることができればいいからと。ですからそれを全部口から出さなきゃいけないっていうのは、ものすごく恐ろしいなというのが本音です。だけど逆にその恐ろしいところを乗り越えていくと、何かきっとすごいことが見えてくるんだろうな、という気がするので、やっぱりすごいなというふうに思います。

だからやっぱりそうすると、さっき相性の話をしましたけれども、たとえばうちのオフィスではＣＢＴに入るときには、相性をあまり考慮しないで進めますよっていうスタンスでやるのですが、時々やっぱりどうしてもそのセラピストと上手くいかなくて「変えてほしい」というニーズが二年に一回ぐらい出ます。

そういう場合はどうするかというと、「コンサルテーション・セッション」といって、所長である私が一度お目にかかって「どうする？」ということで、どうしてもやっぱりそのセラピストと合わないから変えてほしいというときに、セラピストをチェンジするときがありますが、大体そうすると私が担当者になることになってしまうのですが、そういうクライアントは結局後になってスキーマ療法に入ることが多いです。

なので、そういう意味で分析を受けるとしたらやっぱり誰に受けるのかってすごく重要な問題だなというふうに思いました。というわけでこれはどうなんでしょうか、精神分析を受けたいという場合、精神分析を受けるということにプラスして、誰に受けるのかということがすごく重要になってくるのかなと思いまして、そのへんのお話もおうかがいしたいなと思いました。

クライアントとセラピストの相性

生まれ変わったら精神分析を受けて、精神分析家になるというのはちょっといいな、という感じがするんですけれども。

藤山：（笑）

伊藤：私もいい年なので今から精神分析の訓練受けるっていうことは多分しないと思うんですが、ただもし私が受けるとしたら、やっぱり藤山先生に受けたいなというふうに思います。

それはやっぱり何だろう、そこが精神分析家としての藤山先生に対する私の思いなのか、それとも先生のことが単に好きだからなのかちょっとよくわかりませんが、やっぱり誰に受けるかっていうのはすごく大事で。でもそれをやっぱり最初にどうやって見極めるんだろうと。精神分析家に出会って「この人」と思う、この人とここまで潜るんだと最初にどうやって決められるんだろうと。やっぱり始め方のところがどうしても気になるというか、わからないなと感じます。

さっき結婚のお話されましたが、やっぱり結婚ってかなり重大な選択なので、相当見極めますよね？　勢いっていうときもあるとは思いますけれども、なのでやっぱりそこの始めかたはとても興味深いなというふうに思います。

ところで先生、あの富士急の話暴露しちゃってもいいですか？　私やっぱり藤山先生をすごく好きだなと思った瞬間があったんです。以前、藤山先生とうちのスタッフ何人かで富士急ハイランドに行ったんです。

一同：（笑）

伊藤：富士急ハイランドのオフィシャルホテルに前日泊まって、翌日乗りまくるっていうことをしたんです。それはそれで面白くて、「藤山（先生）が富士山《フジヤマ》見ながらフジヤマに乗る」みたいな。

一同：（笑）

伊藤：それを実現したかったというのがあるんですがそれは置いといて（笑）、女子数人と藤山先生で夜、部屋で飲み会をしたんです。けっこう遅くまで飲んでいて、じゃあまた明日ねということで解散しました。女子部屋に私たち四人で寝て、廊下を挟んで向こうにシングルルームがあって藤山先生はそちらで「おやすみ」って寝たんです。覚えていらっしゃいます？　翌朝大浴場に行こうということになって、じゃあ先生も誘おうと思って先生の部屋に行ったらドアが開いてるんです。鍵を閉めていない（笑）。

一同：（笑）

伊藤：鍵を閉めてないどころか、それは開けてみたら鍵がかかっていなくて開いたというレベルの話じゃないんです。ドアが半開きになっていたんです。

一同：（笑）

伊藤：寝ている先生の足が廊下から見えちゃって。もう「どうぞ」みたいな感じですよね？

藤山：（笑）

伊藤：でも私、やっぱりそれはすごいことだと思ったんです。通常なかなかできないことですよね？

一同：（笑）

伊藤：多分お財布なんかもそのへんにボンって置いてあるはずで。だからやっぱりそういうふうにできる先生の精神分析は受けてみたいなと……

藤山：意味が分からない。

一同：（笑）

伊藤：思いました（笑）、はい。

精神分析が怖いというのはネガティブな意味ではなくて、本当に本質的なところに触れにいくんだろうっていう感じがするんです。スキーマ療法に関して言うとやっぱりそこまでではないなという感じです。むしろやはりとても安全な場所を確保して、行けるところまで行って、つかめるものをつかんで、もうちょっと行きたかったら行こうねという感じです。

聴覚的な精神分析と視覚的なＣＢＴ

あともう一つ、私が精神分析とＣＢＴの対比で面白いなと思ったのは、精神分析は、さっき「患者を聞く」とおっしゃいましたが、非常に聴覚的なものを感じます。藤山先生のオフィスでケースカンファに陪席させてもらったことがありますが、レジュメなどの視覚情報はあまり使わないで、口から言葉を話してそれを聞いてディスカッションするんだな、と感じました。

おそらくセッションも、さきほど先生は「聞くっていうのは話を聞くということではない」とおっしゃいましたが、とにかく聞くんですよね。一方、ＣＢＴは書きまくります。ツールに書きまくってコピーして渡して、クライアントさんにも書いてきてもらってコピーさせてもらって……という感じで、書いたものを見ながら進めていきます。ケースカンファもそうです。いろんなツールをガンガンにコピーしてみんなで見ながら進めていく感じで、非常に視覚的に進めていく作業が多いです。それに比べて精神分析は「聞く」という聴覚的なモダリティを使うんだなあという印象を受けました。

あともう一つ教えていただきたいのは、患者さんの呼び方です。さっき先生「あなたは」とおっしゃいましたが、実際にはどういう呼び方をするのか教えていただきたいと思います。

ちなみに私たちがどうしているのかというと、ＣＢＴのクライアントには基本的には苗字で呼びます。だけどクライアントがかなり若かったり、最初から「下の名前で呼んでほしい」という要望があれば下の名前、すなわちファーストネームで呼びます。また、ちょっと戦略的に、この人はいずれＣＢＴじゃなくてスキーマ療法に行くんだろうなっていう方の場合は、治療的再養育法的なポジションを取りながら、最初から下の名前で呼ぶというケースもありますが、基本は苗字です。

スキーマ療法ではファーストネームを呼ぶことが多いです。ＣＢＴからスキーマ療法に変わるときに、治療的再養育法の話をして、そこで大体下の名前で呼ぶことに変更します。だってやっぱり養育的な関係で、「伊藤さん」と呼ぶのはおかしいですよね。やっぱり「絵美ちゃん」みたいな感じで下の名前で呼ぶことが増えていくのですが、そういう呼び方について、「あなた」という二人称なのか、あるいはどういうふうに呼ぶのかな、ということについて教えていただきたいと思います。

先生が最後におっしゃっていた「精神分析はよいことを供給する、そういうスタンスではない」ということについて。これもすごいなと思って聞いていたんですが、じゃあスキーマ療法はどうかというと、やはり「よいこと」を供給するんです。「よい親であればこういうふうに接するだろう」というスタンスなので、やはりその違いも非常に大きくて、潜り方のスケールが全然違うんだろうなあと感じました。

こんな感じですみません。ほとんど感想の垂れ流しなんですけれども、私からは以上です。ありがとうございました。

司会（中村）：伊藤先生ありがとうございました。では藤山先生からよろしくお願いします。

討論に応えて

藤山：じゃあ答えさせていただきます。いや、さすがです。単なる「感想」というよりもけっこうすごい本質的なところを突いてると思いましたけど。

さっきの患者さんをどう呼ぶかっていうところなんだけど、私は普通「あなた」って言ってます。「あなたと私」っていうふうに言ってる。土居先生は「君」って言ってた。「君はね」って言ってたみたい。私は「あなた」と言ってると思います、たいていの場合は。まれに苗字を呼ばなきゃいけないなっていう、つい「何々さんは」って言いたくなってしまうときがあります。そのときはやっぱり何か考えますよね。何が起こってるんだろうって。

だから確かに聴覚的っていうか、きょうは認知行動療法の人もいっぱいいらっしゃると思うんですが、もうほんと分析的なケース検討会っていうのはそんな感じです。私がやってるのは二時間のものですが、一人の人がケースプレゼンターで、レジュメは一セッションのプロセスノート、面接記録を持ってきてます。まずその人がどんな人かっていうことのあらましをまずバーッとしゃべって、それについてみんながいろんなことをワーッと言って、それで一時間弱ぐらい。そのあとセッション記録を配って、その一セッションをしゃべって、あとはまたそれについてワーッと言い合って終わるっていう、そんな感じです。みんなでいろんなイメージや考えをいっぱい出し合うわけです。セラピストと患者のあいだのできごとの、セラピストとが気づいていない側面、患者のこころのセラピストが気づいていない側面を、参加者が供給する。そのためにあるかなと思います。

確かに聴覚的なんです。記録を書くっていうことも面白い問題がある。フロイトはセッション中は記録を取るなと言った。セッション後彼がどれぐらい記録を書いたって実はほんとは分かってないんじゃないかと思うんです。つまり、彼は「instance についてはセッションのあとで夜書いている」って書いてある。instance っていうのはひょっとしたら症例の提示のための例っていう意味かもしれない。つまり患者全員に対してどう書いていたかは言っていない。記録が実際残ってるのがラットマンというケースの記録です。ラットマンの面接記録っていうのは、もう論文と同じなんです。論文に書かれた臨床経過と一字一句違わない面接記録なんです。つまり、あれは面接記録じゃなくて論文の下書きにすぎなかったんじゃないかと思います。実際にフロイトが面接記録をつくったのかどうかっていうのはよく分かんない。

私はいま、面接記録を取らない方向の実験に徐々に行っているわけです。昔は面接記録を詳細に取る実験をしてたつもりなんです。一セッションに原稿用紙四〇枚書くぞとかやってたんです。だけど最近はもう取らないほうの実験をしているというか、できるだけ取らない。ビオンは「取るな」っていう方向に発言してると思うんです。セッション中に夢を見てますよね。覚醒して夢を思い出して書いてるわけですよね、面接記録っていうのは。覚醒中書いたことに、次のセッションが縛られちゃうと夢見が邪魔されるのではないか、っていう問題があるかなと私は思います。それが最近あんまり取らない理由です。

やっぱり精神分析をやってる状態っていうのは、ちょっとわれを忘れてるっていうか、メルツァーっていう人が書いた『精神分析的過程』の一番最初のところに、ちょっとだけ、日本語で「忘我」っていうふうに訳してたと思うんだけど、忘我の状態っていうか、普通じゃない状態に分析家はいる、と書いてある。ふわっとしてるんです。それがとっても大事かなと思ってるっていうのはあるかもしれない。

簡単に進まないこと自体のなかに本質が現れる

さて、始めと終わりの話なんですけどそれはとっても大事なことで。いきなりドンと行くっていうことはなくて、だって、いくら「頭に浮かんだことをしゃべれ」って言っても患者はいきなりしゃべりません。最後まで頭に浮かんだことを全部しゃべれるようにはならないわけです、人間は。それがいかにしゃべりにくいものか、いかにそこにある種の壁があるかっていうところが人間性の本質だと思うんです。

これはだから「頭に浮かんだことをしゃべりなさい」って言ってるのは、一つの作業仮説として、これがあなたの努力すべきことですっていうことを与えておいたほうがいいということです。だけど頭に浮かんだことを全部しゃべれる患者なんていないし、それは分析家だって知ってるんです。自分が分析受けたときのことを思い出せば、そんなことはとてもじゃない、あのことだけはしゃべらなかったなとかあると思うんです、どんな分析家も。

だからそれはそうなんだろうけど、それがそう簡単でないという現象のなかにこそ、こうすれば治療が進むというふうに言われてるにもかかわらずそうできないということ自体の中に、その人の本質が現れるということをフロイトが気づいたわけです。転移とか抵抗っていうのはそういうことなのです。

ふたりのあいだで起こるある情緒的なインパクトとして伝達されてくるものこそが重要で、そこにはいきなり確かに本質が出てくる。もう初回からでも二回目からでもある種の本質は出てくる。終結したケースなんかをザーッと振り返ると、結局二、三回目で重要なテーマが出てたなとかいうようなことがあります。それが一〇年後にようやく俎上に載ったりすることもある。

分析は「よい体験を与える」ことではない

よい体験を与えようっていう考えも昔精神分析の中では一時流行ったわけです。流行ったたっていうか、フランツ・アレクサンダーっていう分析家がいて、その人が corrective emotional experience、修正的な情動体験、つまりその人の情緒的な体験を correct する、修正するような情緒的体験を与えるという治療技法を出したんだけど、これに対してはほとんどの精神分析家が大非難を浴びせたわけです。

最も明確なかたちできれいな非難を浴びせたのはウィニコットだと思いますけど、ウィニコットは何度もその修正情動体験について批判しています。分析家はよい体験を与えるんじゃなくて、患者に対する親の失敗をそこにちゃんと持ち込む、あるところまでは失敗をしないんだけど絶妙のタイミングで失敗をする、そういう存在であるべきであると。絶妙のタイミングっていうのは分析家が決めることができない、患者の無意識がさせるものなんですけど。

これって、いろんな論文でいろんな人が書いてるところなんです。サンドラーというアンナ・フロイトのお弟子さんだった人の論文なんかでは、普通分析家は患者がしょっちゅう泣いているのにハンカチを持ってこないような場合、「なぜ持ってこないの」とか言うと思うんだけど、ある患者のときだけサンドラーは二年半ずっとひたすらティッシュペーパーを渡し続けるんです。二年半になったときにティッシュペーパーが切れてるっていうことがあって、その時期から患者との関係が難しくなる。あとで分かったことは、その人のお母さんがこの患者さんを捨てて出たのが二歳半のときだった。つまりサンドラーは二年半よいお母さんをやって二年半後にいなくなる、という患者の体験を知らないうちに反復していましたという不気味な素材なのです。

患者の悪い対象を再現させる圧力みたいなものが無意識にかかってくるっていうことをセラピストが理解して、それで患者がちゃんとそれに対して腹を立てて攻撃してくることにちゃんと向き合っていく。、悪いことをごまかさず、実際の幼児期とは違った形で越えていくのです。つまり悪いお母さんをここにつくり出しながら、しかしそれを、現実のお母さんがしなかったかたちで扱ってくれることを、絶望的に期待、希望を持ってる人なんです、患者は。「よい体験を与えよう」っていうことが分析ではないだろうっていうふうに、多くの精神分析家は思っていて、アレクサンダーはむちゃくちゃ攻撃されたっていうのがあるわけです。

精神分析の始めかたと終わりかた

その、始めの話なんだけど、やっぱり僕の診てる患者は二種類です。一種類は臨床家の患者なんです。こういう臨床家の患者さんは一応精神分析に対するイメージを持っていたり、分析家になりたいとか、分析家、セラピストに何とか近づきたいっていうモチベーションでやってくるのですが、でもだからと言ってそこに何か転移とかめんどくさいことが起こらないっていうことはまったくありません。

普通の患者さんが私にはいま三人いると思います。その人たちはやっぱり僕が医者として最初に会ってから精神分析に入ってくるまでに何年もかかってるわけです。症状がある程度取れてはいる、でも越えられない何かがある。「こんなことやっても結局一時しのぎにすぎないじゃないですか」とか患者が言う。何かより本質的なものに触れてほしいって患者は思うわけです。つまり、患者はひとりで夢見ること、自分自身の内部の対話や交流を始めているのです。

そうなったときに「精神分析っていうのがあるよ」って、分析的なセラピーっていうのがあるんだっていうことを言って、「やってみる気ありますか?」って言います。僕の場合は実際にはすぐには引き受けられない。いつも枠がいっぱいだから。枠が七つしかないんだから、一人が終わらなきゃもう入れないですから。だから待たせることになるんです。待てない人はしかたない。「どうしても待ちきれないから別の人に紹介しろ」って言われたら別の人に紹介します。それでも待ってる人がいる、何年も。そういう人は何年かして引き受けることになります。そこまででモチベーションが相当確かめられてると思います。

つまりモチベーションっていうのは、私の言葉でいえば、その人が夢見ることを十全にしたい、そして成長と変化をしたい、何か情緒的にものを考えたい、ということです。今まで考えられなかったように自分や世界を考えられるようになりたい、ということでもある。そういう夢見ることが自分一人ではできない。代わりに私に夢見てもらいたい、あるいは夢はみているけどそれを理解することが十分にできないから私にやってほしい、あるいは、不安や恐怖のために夢が途絶してしまうので、そこを支えて夢を見られるように手伝ってほしい、そういうニーズが見えてきたときに、手を差し伸べるということです。

これは治療の終わりのときもそうです。その人が最初考えられなかったことを考えられるようになっている、けっして考えなかったような考えを抱き受け入れることができているようだ、世界や他者への体験のしかたが本質的に変化し、それはあまりもとに戻りそうではない、というように思えばそろそろ終わるタイミングなのかなって思うと思います。終わる合意ができれば、終わる期日を設定します。週四回やってる場合は一年後ぐらいに期日を設定して終わります。一回設定したらその設定はどんなことがあってもほぼ動かしません。「来年の七月二八日の金曜日に終わりましょう」って言ったらその日に終わるっていうことになります。半年とか一年ぐらい患者に時間を与える。患者はその間にたいていえらく具合が悪くなります。その期間に「まだ離れたくないんだぞ」「離れたらえらいことになるぞ」みたいな圧力をこっちにかけてくるわけですけど。

でもやっぱりすでに患者は何か今までとは違ったふうに世界を体験できてますから、その能力をこちらはちゃんと支えます。すると、かつてやったようなことをちょっとだけミクロなかたちで繰り返せばまた回復してきて越えていきます。そうしたことを何度か繰り返しているうちに、最終的に「とてもこころぼそい」とか、「でも時間に縛られず、金も払わなくていいかと思うと清々する」とかいろんなことを言いながら、いなくなっていくわけです。

終わりまでの期間っていうのは重要なプロセスです。ですから、終わるのを決めてから、毎日の分析だったらやっぱり一年ぐらいはやったほうがいいんじゃないかなって思ってます。そのあいだ頻度はまったく変えませんし、やることもまったく変えません。つまり解釈すべきことはどんどん解釈しますし、決して終わりが近いからって手控えるとかそういうことは一切しません。もうずっと同じです。ずっと同じことをやっていくということです。

そうすることで患者は別れやすくなっていくと私は思います。終わりが近いからいままでのことを振り返りましょうとか、そういうことは言いません。患者は振り返ったりします、勝手に。でもそれがしきりに強調されるとしたら、それはたとえば何かをごまかそうとしてる動きだったりするんです。だからそこを取り上げ続けるだろうと思います。ここで生き生きとした接触を壊す何かが起これば、必ずそれは介入していかなければいけないのです。そういう普通の分析的なスタンスを維持し続ける、ということで一年間やっていくっていうことです。終わりかたはそうです。

でも子どもができてしばらくは通えなくなるだろうからもう終わる、とかいうことが起きて終わることもある。これは、妊娠にやられたなっていう感じです。たしかにそれはめでたいことなんだけど、なぜこのタイミングで妊娠したのかとか、何で今まで妊娠しなくてもいいと思ってたのに急に体外受精に踏み切ったのか、とか、そういうことは非常に微妙です。つまり治療から撤退するための、一種の健康への逃避、生産性への逃避かもしれない。ものすごく多義的だと思います。いろんな外側の事情で、海外に亭主が行くからいなくなるとか、そういうようなことっていうのもあるわけです。それは仕方ないです。

でも意外にそういう時期ということがあったからといって、けっこう意味のある終わりかたでないとは言い切れないんです。そういうこと全部がやっぱりいろんなふうに関与しているのではと思ってます。

ほかに何だったけな……怖い？　そう怖くはないんです（笑）。

一同：（笑）。

精神分析は「たまたまの運」

藤山：結局セラピストは受け身ですから、患者の考え、出してくる文脈と関係なくいろんなことガンガン言ったりするはずはないわけで。結局、やっぱり分析家はついていくわけだからそんなに怖くはないとは思います。だから怖いって、それは相性とかの問題になりますよね。これは結婚も同じっていうか、よく吟味した恋愛をしたから幸せになったかっていうと、昔なんか、初めて会うけど「はいはいじゃあ三々九度じゃ」とか言って結婚した。それが不幸せかどうか分かんないです、そんなの。意外にそれがけっこう幸せだったりするから、これ分からないんです。だから私は相性説はとっていないんです。でも患者はやっぱり「あぁこの人にしよう」とかっていうのは、結局その人なりのファンタジーの中で選ぶんでしょうね。だけどそれはファンタジーだから。

私がやろうと誰がやろうとあるレベルで分析的にものがやれる人だったらそれなりのことは起きる。ヒステリーの人を男のセラピストがやるのと女のセラピストがやるんでは全然違ったプロセスが表面的には動きますが、ちゃんとしたセラピストだったら、行きつくところに行かせられると思います、女だろうと男だろうと。

だからそれはどこから行っても何か十分あると思うんで、あんまり相性っていうことは考えなくていいのかなと思ってます。たまたまの運、たまたま私のところに来たから私がやることになるんですよね。精神分析って基本的にそうなんです。何でカウチかって、別にフロイトがカウチが一番いいって思って考えたわけでは全然ないんです。フロイトは「治療の開始について」で、「これは催眠をやってた名残の歴史的な残遺物だ」って書いてるんです。「だけど私には続ける根拠がいくつかある、まず私は一日八時間も誰かに見られ続けるのは嫌だ」って書いてあるんです。

一同：（笑）

藤山：そこはとても大事なことだと思うんです。パーソナルな、ほんとに深いことをやるときに社交的な何かを維持するっていうことがどんなに大変なことかっていうことにフロイトは気づいてたっていうことだと思います。だから精神分析って、週四回や五回やっていますが、ほかのと比べて週四回がいいから、とかそういうリーズナブルな、いわゆる実証主義的なものの考えかたでできあがったのではありません。もう最初からそれでやってたからやってる。実験装置が同じところで実験してるときに、違う実験装置でやったデータはちょっと比べられない。しょうがないからやっぱりみんな同じ実験装置使うしかない。そんな感じに近いんです。

だからたまたまなんです、精神分析の設定は全部。フロイトは最初、一時間やって三〇分休んで一時間でやってたんです。ところが確か第一次大戦でドイツ語圏が貧乏になったんです。それでフロイトの患者はドイツ人じゃなくて、イギリス人とアメリカ人ばっかりになったんです、戦勝国の。「フロイトに受けたい」って言って来るんです。フロイトのすごかったところは、彼らに全員英語で分析をしたっていうことです。めちゃめちゃ英語ができたから。そりゃ誰だって、日本語でフロイトがやるっていったら「すぐ行く」って言う、そう思いますよね？

一同：（笑）

藤山：だからみんな来ます。患者がいくらでも来るからそれをどうしようかっていうときに、アンナ・フロイトが知恵をつけて、「五〇分にして一〇分休みにしたら一日の人数がずいぶん稼げるわよ」って言ったらしいんです。それで「ああそうか」と思って五〇分になったたっていうふうに言われてるんです。

そういう感じだから、ほんとに五〇分っていう時間や四五分という時間に科学的根拠があるっていうわけではないんです。でもみんながそれでやってきたし、私も訓練受けるときから最初からずっとそれでやってきてるから、もうそれ以外はできない。たいていのセッションで、普通だったら「ああもう五〇分だな」って思って時計を見ると大体五〇分だったたっていうことになるわけです。ある種の逆転移の中で治療しているときにそれが大幅に狂うことがあって、ハッて見たらすごい時間が延びてたりするときがまったくないわけではありませんが。

とにかくこの相性問題、怖さ問題はそれほどではないと思います。受けたい人に受けりゃいいんです。しょうがないんです、それは。たまたまの運です。

ドリーミングとマインドフルネス

あと、ドリーミングの操作的定義ですか。ドリーミングを別の言葉で言うと、「こころのさまざまな部分の情緒的接触の体験的表現」ということです。より平板に言えば、「情緒的体験の中でパーソナルにその体験に意味づける」っていうことだと思いますけど。パーソナルな意味を意味づけるっていうこと。でもそのことに対して実証的研究をすることは、確かに主観的な体験だから難しいかもしれないです。

でもそういう、考えられなかったことが考えられるようになっていく動きっていうのを、セッション中に分析家は、一つのセッションで患者さんがあるとこまで行ったらピュッとまた考えられなくなって、またこう来てっていうことを何度も何度も……セッション中にもそうだし、長いスパンでも、この時期は全然もう肝心なことが考えられなかったのがキュッと考えられるようになってきた、とかっていうのを体験しながらやってるわけです。そのときそのときでそれはとても重要な指標なんです。その、どれぐらい患者が夢見られてるか、そして自分がどれぐらいその行動や何かに駆り立てられないで夢見続けられるのかっていうことをモニターしながら、ずっとものをやっているっていうことなのかなと思います。

夢見るっていうのは、情緒的な接触を失わずにものを考えて、パーソナルに意味づけする体験っていうことだと思うんです。だからマインドフルネスと似てるんですよ。あれパクリなんです、私たちの。……（笑）と私は思ってるんだけど。

ただ精神分析はスピリチュアルなものにはまったく行かないわけです。そういうこととスピリチュアルなものは結び付けない。フロイトがそうだったからもあるけど。スピリチュアルなものが大嫌いなんです、フロイトは。大嫌いなんですよ。宗教は全部病気だっていうのがフロイトの基本的な考えですから。だからそこのとこで違うけど、でもすごく似てます。マインドフルネスのことを聞くと、私たちはそんなことはもう自分の努力でできるとは思ってないんだっていつも思う。やっぱり他者がいないとそこに入っていけないと思って毎日のプラクティスをやってるのに、そんな自分でトレーニングしてできるのかよって思う私がいるわけです、はい。おしまいです。

司会（中村）：ありがとうございました。本来であれば、このあとフロアからのご意見・ご質問をいただきたいのですが、お時間が少なくなってしまいましたので、このあとの対談のときに、ご質問とかご意見をまたお願いしたいと思います。ただ一つだけちょっと感想を述べさせていただきますと、藤山先生はかなり分析を適用しうるクライアントを選んでいらっしゃると思います。クライアントの方が選ぶということもあるでしょうが、そういう見立てという作業が認知行動療法にもあるのかどうかということを知りたいなと思いました。それから、藤山先生は週四回の分析について主としてお話くださったわけですけど、私たちの多くは週一の臨床が中心ですので、それぞれの設定によってそこで取り扱われる中身はおのずと変わってくるっていうことがあるんじゃないかと思いまして、そのへんについてもどのようにお考えになられますでしょうか。あるいは先ほど伊藤先生は「クライアントさんを下の名前で呼ぶ」とおっしゃっておられましたが、そういうことも含めた、設定の違いとそこで取り扱われることみたいなことについても、触れていただけたらありがたいなと思いました。

それではこのセッションはこれで終わりにしたいと思います。先生方、ありがとうございました。

第３章
認知行動療法と精神分析の対話

伊藤 絵美 × 藤山 直樹

司会 妙木 浩之

対談

認知行動療法と精神分析を対比する

妙木：それでは対談を始めましょう。これは私が大学院の精神分析の授業で、認知行動療法との対比点みたいなものをつくっていて、これに三年ぐらいかけたんですが、それの図なんです（図1、図2）。

今日のために入口用につくってきたんですけど、認知行動療法と精神分析の似てるところというのは、治療同盟論というのは精神分析に昔からあって、グリーンソンが言った言葉、「作業同盟」は、認知行動療法の「協同的経験主義 Collaborative Empiricism」ととても近いことを言ってる。一緒に何かをするっていう作業について重視しようっていう考えかたなんですよね。でも転移関係とか、特に陰性転移の関係とかっていうのはあんまり入ってないなというところが結構違うなというふうに思いまし

主題	類似点	相違点	問題
治療同盟	自我の同盟（作業同盟） グリーンソン＝協同的経験主義	転移関係の延長と考えるか否か	陰性の転移関係
治療の構造化	構造化の発想	頻度を増やして治療関係を構造化する，あるいは宿題を出してセッション間の日常を構造化する	頻度＝時間とお金 宿題＝勉強の関係性
機能分析	力動的悪循環（ワクテル）	性格を広い意味で反復主題と見なすかどうか（スキーマの問題＝ヤング）	治療関係を取り扱うかどうか
情動	情動は共感的に取り扱う	情動は防衛のなかで理解するかどうか	抵抗の組織化を克服する

図 1　認知行動療法と精神分析の対比①

た。

あと、治療の構造化は両方とも結構重視しているのですが、ただ認知行動療法は頻度って大体週一じゃないですか。精神分析は週四にしてるのは頻度を増やして治療関係を構造化するという立場ですが、認知行動療法は宿題が重要なんですよね。あいだでやることが重要なんですよね。だから宿題を出してセッション間の日常を構造化する、そのためにセッションも構造化する。さらに書き言葉で構造化するっていう作業をしてて、構造化は同じなんだけどやりかたはちょっと違うのかなというふうに思いましたね。

あと機能分析なんですけど、精神分析も機能分析に近いことはやるので、力動的悪循環なんて機能分析でやるのに非常に似てるなというふうに思いましたが、性格を広い意味で反復主題と考えるかどうかなのですけど、これが伊藤先生のやってるスキーマ療法はそうなんですよね。パーソナリティも含めて考えていこうっていう立場なんです。だから先生たちのきょうの話とは全然ずれてなかったたっていう気がします。

さらに情動の取り扱いなんですが、認知行動療法は共感的にというか、エビデンスによれば、認知行動療法のセラピストが一番共感的に見えるんです。それはなぜかというと、情動を共感的に取り扱うのが協同的経験主義の基本、一緒にものを見ていこうっていう考えかたな

主題	類似点	相違点	問題
問い	共に開かれた応えを求める	ソクラテス的な質問法と自由連想＝治療設定	対面や寝椅子のスペクトラム
筆記	分析はなし	思考整理と活動記録を取るか，それらは関係を歪めると見なすか	
治療関係	治療同盟＝協同的経験主義と傾聴と共感	心理教育的立場と転移と陰性関係を取り扱う転移抵抗分析	最初から関係の悪い場合
モデル	思考整理と日常活動記録は毎日分析の発想に近い⇒スキーマは，認知と行動の循環を取り扱う	スキーマに留まるかと心的装置論をもつかどうか	精神病理学を持つかどうか

図２　認知行動療法と精神分析の対比②

ので。それに対してわれわれ精神分析は別に仲良くなろうとは思ってないので、どちらかと言うと仲悪くなることも含めて抵抗だとか転移だとかを取り扱おうと思ってると思うんです。

また問いのスタイルはだいぶ違うと僕は思いました、言語的なスタイルなんだけど、ソクラテス質問法と自由連想法はかなり違うと。談話を見てても思ったし、まず対面とか寝椅子のスペクトラムも違うのかなと思ったので、この問いとか質問のしかたがだいぶ違うなと思ったんです。

あと「ツール」って伊藤先生がおっしゃったことと関係あるんだけど、筆記。つまり筆記を積極的に導入して視覚素材を使うっていうことが全然違って、われわれはほとんど使わないので。思考整理表とか活動記録表とかをはじめとしていっぱいツールがあって、さっき先生のシールみたいなのがいっぱいありましたよね。ああいうのをいっぱい使うんですよね。いっぱい使うか使わないかについての議論も重要かなというふうに思いました。

あと治療関係ですが、先ほど来お話している治療同盟論ってわれわれの精神分析の中では唯一伊藤先生たちに近い意見で、協同的経験主義に近い、傾聴と共感を重視するような立場っていうのは確かに心理教育では重要なのかもしれないけど、陰性転移の問題を取り扱うときにはどうなるのかな、というのは藤山先生のほうにしたい質問だったんですけど。

あとモデルとして、思考整理表とか日常活動記録は毎日分析の発想にとても近いのかもしれないんだけど、スキーマに留まるか心的装置を持つかどうかという結構大きな違いがあって、心的装置論に関してはどうも認知行動療法は大きな精神病理学は持ってないみたいなので、この大きなモデルを持つところについてどう思うかという議論があるのかなというふうに思いました。

さっき前半のお話を聞いていて、先生方にお見せして答えていただきたいなという疑問がいくつかあります。疑問１（図３）。パーソナリティ障害の人の主体はそんなに健康ではないんじゃないかと思うんです。つまりセルフスキルを手に入れたとしても、「武器を持った」周囲を困らせ続ける人になってしまうんでないかっていう不安が私のほうにある。だからパーソナリティ障害までＣＢＴやスキーマ療法が適応範囲を広げると、精神分析にとってはもうおこぼれがなくなってしまうのかという不安はもちろんあるけれども、それ以上に、パーソナリティ障害を強力な困った患者にするだけではないかと思うのです。これはだから藤山先生側に質問になるのでしょうね。いつも片隅で生きてきた精神分析にはちょうどいい適応サイズなんじゃないかなという疑問があります。どうぞ。

セルフヘルプスキルを手に入れたところがスタート地点

伊藤：じゃあ最初です。これ、逆だと思うんです。パーソナリティ障害の人がまずセルフヘルプスキルを手に入れることができると、結構面白いのが、これヤング先生も言ってるんですけど、すごく行動化をするパーソナリティ障害の人がＣＢＴの文脈で最初にまず弁証法的行動療法を受けると、行動化が減る、自傷行為が減る、自殺関連行動が減るというところで、結構周囲から見るといい人になっちゃうんです。

周りから見ると治ったように見えるんだけど心の中は空っぽ、そこを満たすためにスキーマ療法を受けたいという、そういう流れが結構あると聞いて、私もそうだろうなと思います。今私が担当しているかなり重症のＢＰＤの人も、最初はけっこう大変でした。それをＣＢＴの文脈に乗せて、今ではＣＢＴのモデルでモニターができるようになり、行動化もおさまった。でもそれは単に行

○パーソナリティ障害の人の主体はそんなに健康ではないのではないか？
⇒つまりセルフスキルを手に入れても，「武器を持った」周囲を困らせ続ける人になってしまうのではないか。
○パーソナリティ障害までCBTやスキーマ療法が適応範囲を広げると，精神分析にとっては，もう「おこぼれ」はないのか？
⇒いつも片隅で生きてきた精神分析には，ちょうど適性サイズなのではないか。

図３　疑問１

動化をしないだけであって、やっぱり心の中は幸せじゃないんです。周りからは「もう治ったんじゃないの?」と言われるけれども、本人の中では全く治っていない。「私はちっとも幸せじゃない」というところで、スキーマ療法の話をしたら食い付いてきた、というケースです。

なので、どちらかと言うとセルフヘルプスキルを手に入れて周囲を困らせない人になったんだけれども本人が幸せじゃないのでスキーマ療法という、そういう流れだと思います。そういう意味では、その周囲を困らせない人になったところで主体が回復しているかというと、多分ほとんど回復していないと思うんです。そこからやっと育っていくような、一応そういうスタート地点に立てたのかな、というそんな感覚があります。

藤山：精神分析はそういうボーダーラインは扱えないですから、基本的には。精神分析でBPDの人を扱うとしたら、ある種の準備期間が必要ですよね。やっぱり医学的な世話が。今の話でそこの準備期間にCBTが役に立つかもしれないと思いました。やっぱり何か準備期間が必要ですよ。私は自分の臨床ではその時期は一般外来で付き合ってたと思うんです。同じだなと思いました。あるところまで行動を制御したっていうところでスキーマ療法が必要になるっていうわけでしょ。だからやっぱりここは食い合いになっちゃうのかなとも思う。そこで空虚感とか生きてる感覚の貧しさとか、そういうところに立ち入ろうとすると、私なら分析的なことを一緒にやっていこうかなっていうことになる。

精神分析の適正サイズ

藤山：次、行きましょう。「いつも片隅で生きてきた精神分析には、ちょうど適正サイズなのではないか」、これ、まったくその通りです。日本では特にそう。精神分析家の数って今世界でＩＰＡに属してる人が一万二千人いるんですけど、日本は三〇人でしょ?　でも一万二千人っていったって、すべての精神科医やサイコロジストの中の比率で言えば微々たるものです。日本の場合はとりわけ微々たるものなんです、精神分析家の数ってすごく少ないので。

分析的なセラピストの数だって、どこまでが分析的セラピストかっていう定義、操作的定義が難しいんだけど、それにしたってそんなにはいないわけです。だからちょうどいいんです、適正サイズなんです。そう思ってます。さっきも最後のところで言ったけど、やっぱり三百万人の患者が今いるわけです、精神科の患者が。この中で精神分析的なセラピーを三千人は受けてないし、受けなくてもいいんです。だから何百分の一でしょ？　それぐらいの人のめんどうをみる、そういうものでしかないのかなと思います。

いろんな条件、お金とか、いいセラピストがその地域にいるかとか、いろんなことがありますから。週四回五回の精神分析を考えても、週二回三回あるいは週一回の分析的セラピーを考えても、やっぱり通える人は少ないです。だからちょうどいいんです、私たちはそんなにたくさんいないですから。

もともと日本の心理臨床は、前から言ってますけど、河合隼雄先生のモデルがベースです。みんなでカウンセリングという、ああいう非実証的な、精神分析もそうだけど、そういう主観的な体験を相手にするような一回五〇分ぐらいのものを継続してやるのが通常のベースになってたと思います。でもそれはやっぱり特別なことです。なのにいままで心理の人はあまり特別なことだと思ってこなかった。

ところが、精神科医にとっては、精神分析をやるっていうのは相当大きな決断です。世の中の精神科医仲間からあえて切り離されるという感じなんです。どうせ人には分かってもらえない世界に行くっていうような。

私の出身大学は東京大学ですが、後輩で精神分析というと、岡野憲一郎先生と福本修先生っていう二人が四年後輩で、そのちょっと後輩でちょっとやって今は離れているのが和田秀樹先生で、それからずっと後輩で池田暁史先生っていう人がやっている。この三〇年間で四人しかやってないですから（笑）。そのあいだ東大の精神科には毎年毎年一〇人ぐらい新人が入ってます。精神科医になった人が三〇〇人ぐらいいる中で四人ですからね。

特殊な道を行くことなんです、精神分析なんて。だから所詮しょうがない、片隅だから。

一同：（笑）

藤山：だからそんなにたくさんの患者さんはいらないし、片隅モデルでいいんじゃないかな。適正サイズはそういうものだと思います。だからそんなに心配しなくてもいいのかもしれないね？

一同：（笑）

精神分析と精神分析的心理療法の違い

伊藤：ちょっと私がわからないのが、精神分析と精神分析的心理療法の違いで。本格的な精神分析は片隅なのかもしれないのですが、私、心理の世界でそれこそ大学院入って心理臨床学会に行くのをすごく楽しみにしてたんです。きっとそこには認知療法や行動療法のいろんな事例があるに違いないという思いで出かけていったら、まったくなくて、ほとんどがユング的な分析心理学の事例か精神分析的心理療法の事例で、ああＣＢＴこそ片隅なんだなあ、という中でずっとやってきた感覚があるんです。だから精神分析はすごく少ないのかもしれないんですが、少なくとも臨床心理士の世界だと精神分析的心理療法をやっていますという人はすごくたくさんいるように私には感じているんです。

妙木：もう少し駆逐されたほうがいい感じ？

藤山：（笑）

伊藤：いえいえいえ。

一同：（笑）

伊藤：なので、片隅感はむしろいまだに私のほうにあります。

藤山：いや、それはそうかもしれないけど今からは大丈夫です。片隅じゃない。

一同：（笑）

藤山：アメリカなんかの様子を見ればそうじゃないし、それにやっぱり今、精神分析学会でもずっと問題になってることですけど、ほんとに「何ちゃって精神分析」的精神療法の人が多いんじゃないかということです。

精神分析的精神療法っていうのは精神分析家が頻度を少なくしてやるものだったと思うんです、もともとは。精神分析家がやるもんだった。そのあと外国では精神分析的精神療法家の資格もできて、訓練も確立された。ところが、訓練にかかわらず誰がやっても週一回で分析的なものの考えかたであれば精神分析的精神療法だ、と日本では言ってたわけです。これがほんとは正しかったのかどうか、みんなが考えざるをえない状況に徐々になりつつあるというのが今の日本の精神分析なんです。

二〇年前に、精神分析のほうでアムステルダム・ショックっていうのが実はありまして、まともじゃない、国際的じゃない基準で分析家をつくっていたのを国際学会にとがめられました。その後は、ちゃんと国際的な基準に修正したっていう歴史があるわけだけど、今それと同じようなことが分析的な精神療法でも起こってるのかなと思う。

自分が「精神分析的な精神療法をやっている」と言うためには何が必要なのかっていうことを考えなきゃいけない。河合先生的な世界、河合先生ご自身がそう言ったわけではないかもしれませんが、「カウンセリングをやれば何とかなりますよ」的な世界があったんです、昔は。それが今ようやく徐々に衰えつつある。それぞれの専門性をどうつくるのかということに真剣に向き合わなきゃいけないような感じになってる。

そもそも心理の人は一回五〇分の枠をわりと与えられやすかったから、その枠を使って精神分析的なセラピーを週一回やってるって自分なりに考えることができた。やりやすかったのは確かです。精神科医にとっては、週一回五〇分の枠をつくるということはすごい戦いなわけです。だって保険診療は一人の額が決ってますからね。

その中で五〇分あれば七～八人会えて三万円か四万円ぐらい稼げるんですから。五〇分でひとりで一万円なんてとんでもないですよ。そういう状況で、どうみんなに納得してもらうのか、医局のなかで戦わなきゃいけなかった。戦うっていうかいろんな軋轢のなかで私もこの道を選んできました。ところが心理の人はそういう自覚があまりなくてもよかった。でもこれからはそれに自覚的になっていくプロセスが必要なんです、心理の人にも。

妙木：ああ、寂しい話してますよね。

藤山：そう、寂しい？　どこが寂しい？

妙木：いや、いいんです。寂しいっていう感覚を共有していくのは悪くないかなというふうに思いました。

藤山：そう、寂しいかもしれないけどやっぱりしょうがないことなんだろうなと思うんです。誰でもとりあえず、やるだけやれば「それは分析的な精神療法だ」って言ってたんだけど、それでいいのかなっていうふうにそろそろ成熟しつつあるっていうことじゃないですか、日本の治療文化が。

妙木：ああ。

藤山：……と思います。

妙木：これ（図4）私の感想なんです。伊藤先生が元気で健康に見えて、藤山先生が歪んでいる、あるいはいじけているように見えるのはそれなりに意味がある。

一同：（笑）

<table><tr><td>○伊藤先生が元気で, 健康, 藤山先生が「歪んでいる」あるいは「いじけている」ように見えるのはそれなりに意味がある。
○パーソナリティ障害の人は, 筆記作業にしろ, 宿題にしろ, 協働活動しにくい人だろうから, それを「固める」のにかなり多くの仕事が必要で, 心理教育的な学ぶ習慣ができ, 自我支持的な関係性が固まったら, パーソナリティ障害の関係性はかなり良くなっているように見える。</td></tr></table>

図4　感想1

藤山：（笑）
妙木：ね、そうですよね（笑）。

パーソナリティ障害の人との協働活動

妙木：パーソナリティ障害の人は筆記作業にしろ、宿題にしろ、協同活動しにくい人じゃないかなと私は思うんだけど、それで実はさきほどの中村先生の質問と関連していて、それを固めるのにかなり多くの仕事が必要なんじゃないかなと。特に心理教育的な、一緒に学ぶっていうことですもんね。パーソナリティを一緒に学ぶってわれわれにとってはすごい大変なことで、自我支持的なその関係を固めるのはすごく大変なのではないかという質問、じゃなくてこれはもう私の感想なんだけど。でもさっき中村先生のは質問だったので、もしそれに何かあれば伊藤先生なり藤山先生なりが答えたほうがいいのかなってちょっと思いましたけど。
藤山：それ、だからほんと伊藤先生がそんなに、そこからスタートできるのか、そこまで行くのがえらい大変なんじゃないかっていうその話でしょ？
妙木：うんうん。
藤山：いや私もそれはそう思うんです。先生はわりと軽々と何か……
妙木：ええ、ハッピーな感じですよね。
藤山：……ハッピーに軽々とやってる。
一同：（笑）
藤山：私はいじけているって。
一同：（笑）

妙木：そうそう。

藤山：うん、まあそうだね。このへんはどうなんでしょうね？

伊藤：そんなにパーソナリティ障害の人と一緒に何かをするということに大変さは感じてなくって。

妙木：ああ、みたいですね。

伊藤：それは先ほど申し上げた「お稽古ごと」モデルで考えると、「ね、一緒に学ぼうよ」っていうスタンスで。もちろん、予約時間に来られないとか、来てもコミュニケーションができないぐらい機能低下してる人は、ＣＢＴそのものができませんけれども、予約の時間に来てお話ができるぐらいの人であれば、ＣＢＴそのものはツールなので、あとはそのツールをどう使ってその人と仲良くやっていけるのかとか、どうその人に役に立つのかとか、そういう問いを立てるので、あんまり設定を固めたりとかはＣＢＴの場合しないです。

スキーマ療法は何度も申し上げている通り、最初からそれをやりませんので、やっぱりＣＢＴをやる中で関係性ができてきて、クライアントさんもＣＢＴの構造だったり、ＣＢＴそのものだったり、ないしはセラピストをちょっとは信用してもいいかなというところでスキーマ療法が始まるので、そういう基礎固めをまずＣＢＴでやっているという感じがします。

セラピーのための地固め

藤山：うん、そこは同じなんだろうけど。精神分析的な精神療法をやろうということが頭にあっても、分析的なところまで行くまでにいろんな地固めが必要でしょう。たとえば岩倉先生の「治水モデル」とかもそうですよね。

妙木：ああ、そうですね。

藤山：そこまでの準備がえらい大変なんだっていうことですよね。セラピーという内的な仕事をするための準備が必要です。その一方、ＣＢＴはわりとどんな人にもアダプトできる理論だと。

伊藤：そうです。

藤山：そこは精神分析的なことを背景にしたマネジメントっていうものについて考える必要がある。私たちはその準備の部分をマネジメントって呼んでるんですけど、それについての知恵っていうのが大事なんでしょうね。そこについてはあまり自覚してなかったことの反省を、私たちもする必要がある。

　ほんとの意味でモチベーションがない人にいきなり分析的なセラピーをしてるっていうケースにやたらに会いました。今から二〇年ぐらい前からいろんなところでコンサルテーションをやっています。そんなケースばかりなんです、私からすると。「これ早いでしょ。分析的なことなんてやってる場合じゃないでしょ」みたいな、そういう人を週一回でやって分析的にやってるつもりになってる。でも実はやってることは違う。「解釈以外のことをあなたやり続けてんじゃない？　これで分析的なの？」みたいなそういうケース報告をいっぱい私は経験してるわけです。分析的なものができるまでには準備が必要だ、スキーマ療法もそうだってそういうことですよね。

二者関係と三者関係

妙木：これ（図５）は藤山先生が「セラピストの情緒」と言ったものなんですが、つまり治療関係でセラピストのことをクライアントがどう見ているかですよね。伊藤先生の話は親とか先生に見える関係性なんですよね、どっちかっていうと心理教育だから。スキーマ療法だと親に見えるんでしたっけ、親っぽいんですよね？

伊藤：はい。

妙木：ＣＢＴだと先生っぽいんですよね。この関係性をわれわれ精神分析では「転移」と呼ぶので、その特定の関係性を導入されることは転移が一方転移になっちゃうっていう感じなんです、われわれの分析的な感覚で言うと。それで上の質問は伊藤先生側に質問で、つまり治療関係を変数として持ち込むつもりはないんだろうか。変数になり得るでしょ？

伊藤：ええ。

妙木：それはセラピスト関係ツールみたいなのをいっぱいつくっちゃえば、どんどん、どんどん変数になり得るだろうから、それを持ち込むつもりはないのかなというのと、下のほう（図５下）はだから藤山先生に質問なんだけど、教育的な転移関係だけになって、結構ハッピーなパーソナリティ障害ができたらいいなと思うじゃないですか。ハッピーな感じのパーソナリティ障害の人あんまり会わないから、その人たちがもしこの教育的な転移関係とか治療的再養育だけで、そういう転移関係だけでハッピーな陽性転移が生まれるならばいいなとは思うけど、でもその強化に問題はないと思わないのかなと、藤山先生に対する問いなんですけど。

これについて何かありますか？

伊藤：治療関係は非常に重要だと考えていますが、何となく私のイメージは、違っていたら教えていただきたいのですが、精神分析は二者関係を作っていく、CBTは三者関係で要は横並び、先生でもあるんだけどチームメンバー同士みたいな関係性というイメージです。

妙木：ああさっきの協同的な。

○セラピストの情緒，つまり治療関係でセラピストのことをクライエントがどう見えているか，親や先生に見えている関係性以外が転移と呼ばれるが，そのために特定の関係性が導入されることは，この部分を削減してしまう。
⇒治療関係（Client's view of therapist）を変数として持ち込むつもりはないか？
⇒教育的転移関係に問題はないか？

図５　疑問２

伊藤：そうなんです。それでクライアントの抱えている問題を横並びで一緒に見ていこうみたいな、そういう横並びの良好な治療関係を作るというのは絶対に大事だと思うんです。さっき自動車教習所とかヨガとか言いましたけど、教習所の教官でもやっぱり「この野郎」っていう人もいれば、私が通っていた教習所は指名ができたので、やっぱり指名したくなるような、「この先生に習いたい」みたいな、そういったこともとても大事だと思うので、そういう文脈で治療関係はとても大事だと考えますが。いずれにせよやっぱり精神分析で言うところの転移の部分を削減するということを、多分ＣＢＴはあえてやってるんだと思います。

妙木：意図的にね？

伊藤：そういう面倒くさいことが起きないように。そんなふうに考えます。

藤山：その三者関係的なものだっていうのは、もう精神分析でも私は同じだと思ってるんです。もちろんそこには二人しかいませんけど、精神分析家が絶えずここに「精神分析さん」というようなものを想定していて、たとえば患者が面接時間を延ばしてほしいと強く頼んでも、分析家が「じゃあ終わります」と言えるのは、「この人」の命令聞いてるだけなんです。自分の気持ちじゃないんです、別に。分析家は時間が来たらやめるってことになってるからやめてる。「この人」、分析でもあるし契約でもあるわけだけど、「この人」の言う通り。だから「時間です」って言うのはもう契約の通りにふるまうということなんです。私には契約を変える権限がないですからね。

そういう意味での三者関係での部分が、分析状況では現実にあるんです。でもその状況の中には転移という、非常に二者関係的な強い何かが動くっていうこともものすごく事実で、私のこころのなかにも非常に二者関係的なものが動く。それを何とかごまかしたいとかあるいはそれに報復したいとかかっていうようなそういうものも動く。

だからといってその部分だけでふるまっていたら分析家としてはファンクションできない。だから絶えず分析家は分析家としての自分っていうものに立ち返るようなこころの運動をずっと繰り返してるわけです。「この人」から見てここで起こってるものは何だろうっていうふうに考えていくわけですよね。

「こころのなかのスーパービジョン」ってケースメントという人は言ったけど、ずっと自分の中に起こっている情緒的な二者関係的なものを別の文脈から検討するっていう仕事を片方では続けていくのです。もちろん片方ではやっぱり強く巻き込まれてもいる。そういう自分の分裂っていうものを体験してるわけで、その分裂の中で何とか行動というものに頼らずに解釈っていう、「あなたは今私に対して何をやっています。それはあなたの心の中に何が起こっているからです」っていうような言説にまとめるような仕事に一応フォーカスして仕事するわけです。

だから、そこにあるのは三者関係と言えば三者関係なんです。二者関係だけで何かやってるわけじゃないんで。それは大事なことですよね、その三者的だっていうことが。

だけど認知行動療法みたいに、めんどくさいものが出てこないように制御するためのさまざまなデバイスは使ってない。出てきたらそれは大事なことなんです。そういうものが出てきたら「おっこれは面白いぜ」っていうか、治療的に大事なとこが出てきたぞって思うようになってるんです、こっちは。そこがちょっと違う。

出てこないようにするんじゃなくて、出てくるっていうことを前提とし、またそこにこそ治療のフォーカスのかなりの部分はあると思う。陰性のもの、困ったこと、やっかいなことが大事なんです。

陰性のものをどう扱うか

伊藤：そうですね。「出てこないようにする」と言い方はちょっと違っていて、「扱える形で出せるようにする」という感じでしょうか。なので、たとえばＣＢＴだとセッションの最後に必ずフィードバックを言ってもらいます。インテークのときに毎回のセッションでフィードバックをもらいますよと伝えて、早速インテークに対して感想を言ってもらいます。その際、「苦情でも文句でも要望でもいいから必ず言ってね」と、そこはもう明示的にお話をして言ってもらうにするとか。

あと結構あるのは、セッション中にたとえばセラピストの一言に対して何かすごい怒りがわいてきたとか、そういった体験は宿題として書いてきてくれたりするんです。

だからその場でそれが出てくるというより、クライアントがそれをいったん持ち帰って外在化して持ってきて、次のセッションで話し合うといった感じで、扱える形にしていくということなんでしょう。それがデバイスだと思います。

藤山：なるほど。精神分析はその扱えないものを扱えないものとしてそのまま体験することから始まる。だからこちらも苦しくなるっていうようなことですよね。その苦しくなるということを治療プロセスの本質的な部分として考えて、そこを私の言葉で言えば夢みようとしていくっていうことです。だからその苦しくなることを減らすともったいないな、みたいな感じが少しあるかなと思う。

そこが違うんだなと思いました。CBTでは、そこをできるだけ扱えるかたちで明示的に言葉でやれるように、最初から「こういうことがあったら言ってくださいね」とか言っとくってことでしょ？

伊藤：そうです。

藤山：それは精神分析の流れのなかでも、たとえば神田橋先生なんかがよくそういうこと言ってるわけです。分析じゃないほうに行っちゃった人が。

私たちはそれを分析的な方法ではないと考えます。そこの苦しさみたいなもの……たとえば患者が一緒にいてつまらなくて退屈で、ものすごく眠くなるっていうこともあるわけです。じゃあ眠くならないように何か話題をいろいろ提供したりすれば眠くならなかったりしますよね。患者に別の、絵を描かせたりとかすれば眠くならないかもしれないけど、そういうことはしないんです。私たちが患者に退屈して眠くなるということが大事なんです。

眠くなったことが何かっていうことを一生懸命考えて苦しむ。これはおそらく患者がやるべきこころの仕事を代わりにやってるわけです。それをいったん引き受けて、その体験を最終的に言葉のかたちで戻していく。この全体の中で患者さんは変化していくんだっていうような、そんなことですよね。それがコンテイニングということなんです。

やっぱりその苦しいとか眠くなるとかそういうようなことから、逃げないっていうことなんです、私たちがやってるのは。逃げない。逃げてるつもりはないって先生は思うと思うけど、逃げてるというよりも、そういうことが出てきたら、もうとにかくむき出しに出させる。出してくるという事態についての覚悟を、readiness を持っとくっていう方向でしょう、こちらは。そこが違うんでしょう、きっと。

プライバシーの水準の違い

伊藤：そういう意味ではスキーマ療法はなかなか面白いんですけれども、あるクライアントがある夢を報告してくれたことがありました。女性の方で、スキーマ療法に入ったところで、真っ裸で脱糞をしているのを私、つまり伊藤が見ている、という夢。そういう意味でやっぱりＣＢＴとスキーマ療法でクライアントさんの心持ちはやっぱり違うんだなと思います。

このあいだもちょっと事情があって、スキーマ療法やっているクライアントに「セッションを録音させてもらえないか？」と言って、「もちろん断ってくれてもいいから」と伝えたところ、結局断ってくださったんですが、その方がおっしゃるには、やっぱりスキーマ療法のセッションを録音されるっていうのは真っ裸でヌード写真を山のように撮られて知らない人にばらまかれるのと同じ気持ちだということをおっしゃって、「ああそうか、真っ裸で脱糞してるっていう夢もやっぱりそういう思いなんだよね」と改めて思い知らされました。

藤山：ＣＢＴとスキーマ療法だと、その人のプライバシーの水準というものが違うんでしょうね、きっと。

伊藤：だいぶ違います。

藤山：精神分析が扱ってるプライバシーの水準は、その水準よりもっとプライベートなものです。精神分析は基本的に録音ということはずっとしていない文化なんです。録音機が入った途端にそれは精神分析じゃないと思います、私は。もう全然違ったものになってしまう。録音機が入っては精神分析ではないと考えてるので、録音でスーパービジョンするとかいうことは、私たち精神分析のトラディションの中ではあまりしないことなんです。

伊藤：陪席が入るということもない？

藤山：それはないです、絶対ないでしょう。土居健郎や狩野力八郎や小倉清がどうやってセッションしてるのか見たかったけども、そうしたら私が見るというだけでその場の関係が変わっちゃうし、そこにはもう違ったものしかないわけだから。一対一で何かやってるっていうことは、もうそれ以外のものはないわけで。誰かが、第三者が入った途端にそれは変質しちゃうんだから、原理的には絶対にそれにはとっつけないと思いますね。

それに、録音してスーパービジョンをするっていうのは、言語情報だけに目を向けてるわけですよ。精神分析の論文を読むと、セッション中の分析家の体験がいっぱいいっぱいいっぱい書いてあるような論文がある。いっぱいいっぱい書いてる。やがてある解釈をする。患者が泣き始める。そして大きな安堵が生まれる。なるほどと読める。あれを、あの分析家の体験をまったく書かないでおいて、ただ患者の言語情報を書いてあって、解釈がいきなり出てきても、何でそんな解釈が出てくるのか、患者が何で泣いたのかなんて絶対分かんない。

要するに、臨床事実は音声領域にあるわけじゃないんです。ここにあるんです、ふたりのあいだに。分析家のこころのなかにも臨床事実はある。その臨床事実というものをベースにものをやってる。だから録音してもしょうがない。

おそらくスキーマ療法になるとその水準になってくると思います、かなり。それって基底欠損領域っていうふうにバリントとかが言ったようなもので、言葉が言葉ではない水準に近いもののとこまで行くはずです。つまりどんなことを言っても全部批判にしか体験しないとか、何を言っても性的な誘惑にしか体験しないとか、そういうような水準になっちゃってる患者さんっていうのを体験する。分析ではよくある。それに近いところまで行くかもしれないですよね。

そういうときにどんなふうにそこを越えていくのか。スキーマ療法の中でどんなことになってんのかなっていうのは、余計なお世話だけどね、考えたりする。

自己開示について

妙木：感想としては、「治療者が教育援助者とかセルフスキルを育てて終わるような関係性は、良い印象で治療が終わるので羨ましい」（図6）。関係が悪化したり陰性関係が持ち込まれてはじめて精神分析と呼ばれるので、そうでないと「それは精神分析ではない」と言われちゃうので、羨ましくても我慢する。

一同：（笑）

○治療者が教育援助者, セルフスキルを育てて終わるような関係性は, 良い印象で治療が終わるので, 羨ましい（関係が悪化しあり, 陰性関係がもちこまれてはじめて精神分析と呼ばれる）が, でもそれは精神分析ではないと言われる。
○陰性の関係性のとき, 認知行動療法家はどんなふうに対応するのだろう（対応しないかもしれない, でも親になるなら, 対応するだろう）, 自己開示なんてしていたら, ストーカーになる不安がどうしても消えない。

図6　感想2

妙木：「陰性の関係性のときに認知行動療法家はどんなふうに対応してるか」。つまり、これはさきほど先生が仰った「外在化」なんですよね？

伊藤：そうです。

妙木：外に見えるようにして取り扱われるように、絶えずする。でも自己開示なんかしたらストーカーになる不安がどうしてもわれわれ消えないので、外在化するだけでどうにかなるのかという不安が消えなかったということです。

藤山：「ストーカーになる」ってどういう意味なの？

妙木：患者さんが。自己開示したら患者さんに全部自分の情報を受け渡すことになるじゃないですか。

伊藤：全部は言わないです。スポーツクラブのおばちゃんに聞かれて答えられる程度のことです。

藤山：開業の精神療法をやるってことは、もう「ストーカーになってもいいよ」って言ってるようなもんだから。私なんか誰も使わないで一人でやってるっていうことは、もう「夜、藤山のドアのとこに立ってれば絶対一対一になれる」って全患者が思えるわけです。今まで一度もそういうことされてませんけど。やっぱりそこ、自分を開くっていうことがとっても生なことで。その生々しさがベースになければ、精神分析は嘘っぽくなると私は思うんです。

　個人開業に私がこだわってるのはそこです。患者さんから刺される可能性を完全にシャットアウトして、それでいい精神分析になれるかっていうのを思うわけです、うん。刺されたり、殺されたり、あるいはドアを出たらそこにいたりするっていうこともありうるっていう状況の中で、そういうことをあえてしない二人として生きていくっていうことこそ精神分析じゃないか。そういう考えがあります。だから個人開業にすごくこだわります。つまり病院とかにいたらもう守られちゃってる。

　さっきの羨ましくはないです、別に。陰性感情を向けられないっていったら嘘っぽくて、面白くないですもん。

一同：（笑）

自我心理学と認知行動療法

妙木：疑問３（図７）。「内省に対する懐疑」，あるいは分からないことを共有することが重要だっていうのが，精神分析の感覚だと思うんです。たとえば協同的経験主義的な立場というか，治療同盟を明確に持つという立場を取っている自我心理学ですら，この懐疑っていうのはすごく重視してると思うんです。この悲観主義をどう思うかなという質問なんですけど。

伊藤：それを「悲観主義」というふうには感じません。むしろそういったものを抱えている人間に対する信頼みたいなものをすごく感じますが。

妙木：ああ，それは藤山先生に対する尊敬を言ってるんですね？　分析家に対する。

伊藤：そうです。

妙木：でも，そういうことはしないでしょ？　こういう関係性を持たないでしょ？　つまりさっきの外在化もそうだし，明示化もそうだし。

伊藤：患者さんも，それはわかってることしか外在化できてないという自覚はすごくあります。

妙木：ですよね。

伊藤：はい。なので，外在化されたことがわかったことの全てというよりは，

○内省に対する懐疑，あるいは分からないことを共有することが重要だという精神分析っぽい，悲観主義についてどう思うのか？
○転移と投影同一化の結果として，精神分析家が自分の感覚を大事してから，精神分析のモデルは，どうも悲観的になりすぎているので，自我心理学に戻って，認知行動療法との接点を求めるのも良いのではないか？

図７　疑問３

今私たちがわかるのはここまでだよね、というそういう捉え方です。

妙木：うん、それを共有してコントロール、というのではないかもしれないけど、分かる範囲で一緒に考えていって、自分でできるようにしていくっていうことですよね？

伊藤：はい。それでよければもうちょっと掘ってみるっていう話になる場合もあります。

妙木：「掘ってみる」ですね。これは藤山先生に対する質問ですけど、「転移と投影同一化の結果として精神分析が自分の感覚を大事にする」（図7）という意味で今の精神分析は先生のおっしゃった感覚に近いものだけど、どうも悲観的になりすぎてる感じがします。

藤山：いや私は悲観的じゃ全然ないんだけど。

妙木：ああ、先生はそう言うだろうなと思ったけど。

一同：（笑）

妙木：でも自我心理学に戻れば、認知行動療法との接点は結構多いんじゃないですか？

藤山：いやすごく多いと思う。自我心理学っていうのは、あれは認知行動療法です、あれ。

妙木：そこまでは言いません。

一同：（笑）

藤山：私から言わせれば、ですけど。つまり一般心理学に近づきたいと思って始めたプロジェクトだから、やっぱりそうなんです。私は治療同盟っていう考えにこだわることに賛成してない立場ではあるわけですけど。

それは患者の大人の部分、つまり自我、と治療者の大人の部分がちゃんと同盟をつくって悪い部分をやっつけましょうって、そういう話です。でもそんなに甘くないというふうに思っちゃったりするわけです。患者のそういうところを見つけられない局面は多いと思ったりとか。私はどっちかって言うと、ここにある関係のすべてが転移ではないかというふうに考えてみるスタンスのほうが何か好きです。

別にそれは悲観的なことだとは思わない。患者は、さっきも言ったけど、すごく悪いお母さんや悪いお父さん、ものすごく自分に対して悪かったりしたお母さん、お父さんをここにつくり出してくるわけです。対象関係論は、実際に悪いお母さんやお父さんになってしまうっていうことを引き受けることが分析家の仕事であるとすら考える。そのなった通りに行動するかどうかは分かんないけども、少なくとも内的にはなってしまう。すごい批判的になったりいじわるになってしまったり。

でも患者が悪い対象を私たちの中に作るのは別に単なる反復的なことだけではなく、私がそれを越えていくっていうことを、もう非常に絶望的だけども思ってるだろう、と私は思っています。だからそれは無意味な反復であると同時に希望のサインでもあるのです。転移っていうのはそういうものです、私の考えでは。

その希望というものにやっぱりちゃんと向き合うべきでしょう。それは結局、精神分析に対する希望、ホープ、ある種の信頼感と同じなんだけど、すごく絶望的な何かがあったとしても、とりあえずそこには何か良いこと……悪いことは必ず良いことがくっついてるだろうという、そういう感覚っていうのはやっぱり大事なんじゃないかなと思う。

だからそういう意味では私はあまり悲観してるっていう感じはないんです。悲観的ではないです、そんなに。転移と投影同一化の結果としての精神分析家の主観的な体験にフォーカスしていくっていうことなんだけど、それは悲観的なことではない。自我心理学のスタンスに行くと精神分析らしさが失われる。それこそ認知行動療法に近いから。認知行動療法と精神分析はやっぱり違ったほうがいいし、その違った中で協同したり、患者さんのやり取りをしたりするような仲良しな関係……

一同：（笑）

藤山：いや、仲良しというか、互恵的な関係を維持すべきだと思う。精神分析は認知行動療法に近づいたりすると、そこでまた戦いが、戦いっていうかめんどくさいことが起きちゃう。……「あいつらは自分たちとは違う。

でも意外に話せばわかるし、自分たちの役に立つこともある」ってお互いに思ってたほうがいいような気もするんです、うん。

一同：（笑）

「精神分析的」とは何か

妙木：「医療的なモデルなら精神分析的な心理療法には筆記やワークシートを使って、より楽観的な方向に行くのはどう思うのか」（図８）、これ藤山先生にです。

藤山：いやだからそれは……

妙木：楽観的かどうかは分かんないですよ。でも可視的な方向に……

藤山：うん、それはだからそれこそ「精神分析的」っていう言葉の意味をどこにとらえるかっていうことで、それ次第です。

でも精神分析的な精神療法と言われてるものの中にこの可視的なものを加えることによって、私の考えでは治療的には認知行動療法に近くなってくるわけです。認知行動療法が効果を与えるようなのと同じような意味で、効果は出てくるし、あるいは上手く行く場合も多いでしょう。でもそれは精神分析っぽくはないよね。

だから、精神分析っぽいものなんて必要はないと言われればそうかもしれない。つまり、臨床的に役に立つことは何でもやっていいっていうことであれば

○自由な不自由さを提供する精神分析が治療ではなく，それは夢みることや体験することに価値を置くなら，症状や解決を目指した医学的なモデルとは競合しない。それは趣味に見えるのではないか？　訓練のシステムとしての治療者の在り方を伝承しているシステムについてどう思うのか？

○医療的なモデルなら，精神分析的な心理療法には筆記やワークシートを作って，より楽観的な方向にいくのはどう思っているのか？

図８　疑問４

そうかもしれない。ただこれをずっとやっていくと精神分析のオリジナリティっていうか、その独自性をどう保つかという問題が生じる。ひいては治療者自身の同一性が脅かされてくる可能性はあるかなと思うんですよ。

私も実は昔のケースで何かいっぱいいっぱい、図や絵を書く患者さんがいて、その人とそういうことを一生懸命やったケースがひとつあるんです。その人とは週一回でやってたわけだけど、助けにはなったし、今考えればやっぱりすごくある種自我支持的なことをやっていたんだろうし、その人はそれなりによくなって終わったわけです。

だけど、それをでも精神分析的なのかなと思うと、そうでもないようなのが大きかったなと思うわけです。だからそこは純粋に臨床家として考えるなら、一人の精神科医として考えるなら、それはそれでありだと思います。でもそれが分析的な経験だったとはちょっと言えないかなって思ったりするっていうような、そんなことかな。

伊藤：聞いていいですか？　私は理解できてなくて。精神分析的な心理療法と力動的な心理療法っていうのは全く違うものなんですか？

藤山：いやこれも難しい。

伊藤：今先生がなさったセラピーは、精神分析的じゃないかもしれなかったけれども力動的であったかもしれない。

藤山：まあそうかもしれない、っていうか分かんないな。それ、そういうところとても難しい問題で。

僕は、個人的な定義では、分析的な訓練をした人がやるものは何でも分析的だとは思うんです、広い意味では。どれだけ精神分析プロパーと違うところにいるかっていうことを推し量りながら、ちょっと自我支持的にやったり、そういういろんなものを混ぜていくというようなのも含めてもいいかもしれない。

だけどできるだけこういうことをやらないでやるのが精神分析的精神療法だっていう考えもあるのかもしれない。私はあんまりそうは思ってない。精神分析的精神療法っていうのは分析的な訓練をちゃんと受けてる人がやる、精神分析とは違う、より頻度が少なかったりいろんな意味で違う設定の精神療法を全部含んでいいんじゃないか。そう私個人は思ってますけど。

伊藤：力動は？

藤山：「力動」って言葉は僕はあんまり使ってないんだけど、精神力動的っていう言葉も結構あるよね。それはどうなんですか？　妙木先生。

妙木：力動的な精神病理モデルを使うか使わないかで、力動的精神医学とか力動的な心理学だとかって分類する方法はありますけど。

藤山：難しいな。

伊藤：それはまた精神分析とは別の文脈の言葉なんですか？

妙木：さっきちょっと表に入れましたけど、精神病理学の力動モデルって結構大きなモデルがあって、それを使う使わないって結構大きなことなんです。

藤山：精神分析がその中に入るっていうことになっちゃいますよね？　そうなると。

妙木：ええ、ええ。

藤山：さあここは大事なんじゃない？　伊藤先生。

伊藤：私としてはむしろ……

藤山：趣味。

伊藤：……趣味というよりは、先ほど言ったその精神分析家を生きるとか、小説家になるとか。

妙木：だからキーは小説家ですよね？

伊藤：そういう、はい。ですから趣味というよりはライフ。

妙木：珍獣っていうことですか？

伊藤：（笑）いやいや、いやいや。

妙木：変わってる、変わった生きかたをしている職業っていう感じですよね？

藤山：だから職人だよ、職人。

妙木：ああ、よく言えば。

藤山：アルチザンなんだ。僕は職人モデル。

伊藤：ああ。ただそうすると私のアイデンティティも職人ですね？　ＣＢＴというツールを使った職人です。

藤山：だから職人は職人らしい生きかたをしてるでしょう、って言ってる。

伊藤：ちょっと自信がないです。

藤山：そこの部分が含まれるのが職人のような気がするよ。うん。

妙木：いや、いっぱいツールをつくる職人とかいますもんね？

藤山：うん、そうなんだよ。伊藤先生はもうやっぱり生きてるような気がしますけど、認知行動療法家を。そうじゃないですか？

伊藤：あんまりそういう自覚はないです。

妙木：（笑）いや、その問いはだから、先生はそう答えたら面白いなと思った問いなのですが。

伊藤：やっぱり私のアイデンティティは別に普通に一人の人間を生きていて、時々認知行動療法やる人間というアイデンティティなんですが、藤山先生の話を聞くと精神分析家はやっぱり精神分析家として生きているんだなっていう。脱ぎ着できるようなものじゃないんだなっていう感じがあって。

藤山：そう、フロイトが一回それ言いましたから。「眼鏡をかけたりはずしたりするのとは違う」っていう有名な言葉。落語が好きでやってても、つい精神分析的にそれを考えて、ものを書いてしまうとか、俳句なんかをやっててもすぐそういうことを考えてしまうわけです。やっぱり離れられないんです、精神分析から。それはそうなのかな？　脱ぎ着できないものになっちゃってる。

妙木：生きかただってことですか？

藤山：うん。死ぬまでそうなのかなっていうか。でもそこ難しいとこだな。やっぱり落語家と似てると思うんです。

伊藤：うんうん。だって自分はそういう生き方はできないので，そういう生き方をしている人がいるということ自体に何か面白みとか勇気を感じます。

「夢見るワークブック」は可能か

妙木：ああ，これ（図９）は別に私の個人的な感想です。この「夢みるワークブックができたら買うだろうか」っていう問いは結構疑問として浮かびまして。

藤山：それはね。でも，精神分析についてこうしたらこうなる，いいよっていうような本は僕は書きたくないよね。

妙木：うん。ドリーミングワークブックとか……

藤山：……とかでは書きたくないし書けない。『耳の傾け方』を書いた松木先生もいらっしゃるわけですが。

妙木：ちょっとそこ削除しましょうか。

一同：（笑）

藤山：削除？　いや，松木先生のこと大好きだけど，やっぱりあれ『傾け方』っていうふうに方法論として形にはできなくて，精神分析家としてやっちゃえばもうそうなっちゃうだけのものにすぎないような気がするなと思っていて。それを技術としてできるのかな？っていう。

鮨職人もちゃんとした鮨屋だとやっぱりまず坊主になんなきゃいけない。いくら上手でも坊主になれない奴は鮨屋じゃない。すごく好きなお鮨屋さんに、女の弟子が入ったんです。「ほんとあの子はやる気あるんだよね」ってその親方が言う。「お願いしますって言うから、じゃあいいよって言ったら次の日に坊主になったんだよね」って言ってたんです。

落語家だってそうですよ。落語家だって落語がしゃべれれば落語家ってわけじゃない。落語家の最初の修業は師匠と一緒に行って、ひたすら着物たたむことです。それが一体落語を上手くしゃべることとどう関係があるのっていうそういう問いは許されない。

つまり理不尽なんですよ。そのことに私は意味を感じてるんです。理不尽さ。ワークブックとかいうのは、いかにも「段階を踏んだら何かいいことが起こるぜ」的なそういうことになってるでしょ？

妙木：そういうもんですよね。

藤山：うん、それは嫌いです。

伊藤：嫌われちゃった（笑）。

一同：（笑）

藤山：これ私が書くとしたら、理不尽さが含まれてないと。そうなんだよな、そこが違うんだろうなと思う。

やっぱり精神分析っていうのは直線的じゃないと思ってるんですよ。非常に直線的じゃない。さっきも「問題が解決したら目標に向かうものじゃないか」っておっしゃったけど、その問題を生成するためにあるんです、精神分析は。

○考える人のない考え, 夢みる空間の創出, それぞれの精神分析のパーソナルな体験, これは精神分析家としては分かるが, これが分かるには, 伝え方が難しい。趣味的にではないなら, 文学的に伝わる不安がある。文学的な才能のいる学問なら, 才能がないように思う。
○それでも精神分析：夢みるワークブックができたら, 買うだろうか, きっと買わないだろうなあと思う。なぜなら, 精神分析関係者のマニュアルが複数あるが, それを使うことはあまりないから。

図9　感想3

問題が解決したらまた別の問題が生成される。患者が問題を生成する能力を増やす。問題生成の能力。人生はどんどん問題が生成されていくプロセスだから。これが解決したかなと思ったらこれが、この問題が出てくる、あの問題が出てくる。問題を生成して疑問に思って curious になっていく、患者がどんどん curious になっていくためのプラクティスなので。

問題が解決してしまったと感じた途端に何かが終わってしまう。だからある目的に直線的に進むようなものじゃないものをやりたいなって思っちゃうような人が分析家になってしまうんだろうな。だからこれ買わないし、マニュアルをつくらない。

一同：（笑）

妙木：ああ、つくらない？

藤山：うん。「精神分析を受けてください」って言う。やっぱり二人でやるもんだっていうことが重要なんで。それは他者っていうもの、つまり絶対知ることも触れることもできない他者とのあいだで起こるっていうことに意味がある。

伊藤：ああ、でも今先生がおっしゃった「どんどん curious になっていく」というのは、スキーマ療法をやっているとすごく感じます。ＣＢＴだとやはり構造化された流れのゴールに向かってやっていくという感じがあるんですが、スキーマ療法が展開していくとどんどんとっ散らかっていくっていうか、それが嫌な感じではなくて、いろんなものが見つかってきてどんどん潜りたくなっていくっていうか、そういう感覚がスキーマ療法にはあるな、と感じます。

藤山：「潜る」っていう言葉がいいですよね。ヴィトゲンシュタインだったと思うんです、「哲学っていうのは潜るようなもんだ」って言った、誰だったかな？　人間は浮くじゃないですか、海に行けば。でもそれをわざわざ重石をつけて、潜って、底を見たいような人っていうのはいるわけで、「それが哲学者だ」っていうふうに確か言ったと思う。それと同じで，普段は考えないですむことは考えないようにして生きてるし，夢みないようにして生きてるんです。それをわざわざ，でもやっぱり何か本質的に問題を解決するためには一回夢みなきゃしょうがなくなるし，考えなきゃしょうがなくなる。そういうことなんでしょうね。多くの人は別にそんなことしなくても生きてられるし，そんなこともする必要ないんですよね。

スキーマ療法もそういう水準のものだとすれば似てるんだろうと思うけど，どうしても私の感覚では他者っていうものについての何か，ある種の難しげな，特殊な関係性が出てこないはずがないと思う。それを先生は何か軽々とやってる感じがするところが怖いんです。この軽々とした感じが（笑）。

軽々とそこをこなしてるっていうか。そういうような感じがするっていうのは，そこはやっぱり何か能力なんだろうね。

伊藤：ただスキーマ療法だとそれこそ，精神分析でみんなにこてんぱんにやられたあの「修正感情体験」を重視する。なのでやっぱりそこに留まるようにできているんだと思うんです。

藤山：なるほど。

精神分析家はマゾヒストか

妙木：これは伊藤先生への質問。つまり「失敗とか良くない体験が再現されないと人は変化しない」（図10）って，これ分析の人がよく言う言葉なんですけど，どう

○どっちみち，失敗と良くない体験が再現され，それが今ここで持ち込まれる関係性のなかでしか，人は変化しないという精神分析の体験は，どう見えるのか？
○心理療法家は，医者であったり，心理師であったりするためには，訓練を必要としていないのだろうか？

図 10　疑問 5

見えます？　マゾヒストですか？

一同：（笑）

伊藤：でも、ＣＢＴの素材で扱うのもやっぱり失敗とか良くない体験ですもんね。治療関係におけるっていうことですか？

妙木：治療関係の中で。

伊藤：ああ、治療関係の中で。さっきも言った習い事モデルで行くと、習い事でトレーナーとトレーニーが関係悪くならなくても習えますよね？

妙木：分かります。

伊藤：はい。なのでＣＢＴで目指すものは別にそんな良くない関係が起きなくてもそれは到達できるだろうなっていうふうに感じます。

妙木：ああ、これは藤山先生どう思います？　良くない体験がないと人は本質的な変化を起こさないって話をしてたじゃないですか。

藤山：少なくとも精神分析の中ではそうでしょう。やっぱり何かある種すごく剣呑な、もう何とも言えない嫌な感じやぞっとするような感じや、そういうようなものがないと。

たとえば、わりと順調にやってきた患者なのに、あるときから突然そのふるまいかたとかが何か鼻について来たり、嫌な気持ちになってきたりすることがある。そういうことが何のかなって思ってるうちに、段々患者さんもこっちについていらだってきてるのがはっきり見えてきたりする。だからそういう何か、一見順調に見えていたときは、いろんなことしゃべっていろんなことが分かってきて、それでいいのかなと思ってた。ところが、いったんそういうすごく剣呑な、何か奥のほうでドキッとするようなものを越えたあとで見ると、かつてのその楽園的な世界がいかに嘘だったかっていう感じがするんです。

本物性みたいなものはやっぱり、良い体験も悪い体験も両方ちゃんと十全にやり取りされたときに生じるのではないかっていう感覚が私の中にはあります。ただ良い体験だけだったら本物ではない。もちろん悪い体験だけってはずもない。切実にこちらのことばっかり考えて、ここにずっといたいっていうようなことだったり、そういうものも出てくることがあるわけで。

その人がそういうものを出すには出すなりの根拠がその人の人生の中にあるわけです。だからそういうものにちゃんと触れないと本物のことにはならない。それは多分精神分析的な精神療法ではそうだと思うんです。

妙木：うん。よろしいですか、先生。ちょうど時間なんですよ。二〇分ぐらいは質疑を受けようということになっているので。今までの、今日一日の話に関して質疑応答、ディスカッションしたいと思うんですが、何かありますか。

Q&A

訓練について

Q1：ちょっと感想と言いますか、結論は何なんだというのは自分の中でまとまってないんですけども、今日お話をうかがっていて、まず午前中に藤山先生が、大学の教育っていうものが自分でものを考えない方向に向かっているみたいなことをちらっと仰ってたことが、本筋じゃないところなんですけどちょっと残っていて。

ある大学の先生をされていた方の書いた本で、教育っていうのが「何が得られるかわからないで始める」っていうんですか、教師も何を与えられるかわからないし、示すことができない。あとあとになって本人が感じるというか体験するみたいな、そういうものが本来の教育なんじゃないかとか、それは大学教育だけなのかそれ以前の教育もなのか、ちょっとはっきり覚えてないんですけど。そういう「入門する」とか、今日の午後のお話でも落語の世界であるとか、「弟子入りする」みたいなそういう感覚に通じる感じもあるのかなあと思ったんですけども。

今の教育なんかでも、何がこれから行われるかというのは、カリキュラムとかガイダンスとかあったりして、そこから「あ、じゃあ安心してやっていきます」みたいなそういう流れっていうのがあるのかなっていろいろ考えたりしていて。そういった流れが今日のその、精神分析だと「やってみないとわからない」「自分で体験してみないとわからない」っていう話にも通じるかな、と。で、それが逆に今のCBTにかぎらず、やっぱりわかりやすいものっていうか、いっしょにやっていくことがどんどんこう示されるっていうんですかね、なにかそういうことの方がやりやすくなっていってるような、自分も含めてそういうふうに教育されていってるような人が増えていってるのかなあと。昔だったら、江戸時代とかはわからないですけど、その、師弟関係で入っていくのが当たり前だというところの発想から今はずいぶんずれて、その、経済的なもの、早いとか安いとか、そういうものが当たり前になっているところから生み出されているような自然な流れというんですかね、そういう感じがあったりするのかなっていうのは、ちょっと勝手な連想なんですけども、感想として、はい。

妙木：なかなか重要な……いや、先生の立場はどっちかわかんないけどね。「職人死滅説」なのか、あらゆるものをマニュアル化する方がいいという発想ももちろん近代主義にはあるわけで、どっちなのかわかんないけど、でもなかなか本質的な問いです。

藤山：本質的なところをついてますよね。だから今、学生にアンケートをとって教員を評価させたりしてますし、「わかりやすいのが良い講義だ」っていうことなんですよね。そうは思ってないですよ、私は。

妙木：いやそれはそうでしょうね。

藤山：思ってないって言い続けてますけどね、うん。「わかりにくいのが良い講義」です。わかりにくいけど極度に面白いのが良い講義です。そう私は思ってるわけです。そういうふうになかなかできないけれど。

でもＣＢＴのほうがやっぱりわかりやすいですよね。わかりやすくて入っていきやすい。それはそうだと思う。そこのところで大きく「負けてる」んですよね、精神分析は（笑）。勝てない、と思う。でも少数だけど落語家の弟子になる人もいるからね。なんかわけのわかんないところへ飛び込む人はいるんだけどね。何か研修ゴールが決まってて「こうやればここまでいける」っていうふうなものとして心の援助職を捉えたいという全体的な流れがあるんだろうね。精神分析はその流れには乗れないとは思うんですよ。

基本的には「訓練分析」っていうようなことをやっても「分析家の訓練を受けたいんです」って言われても、それは、その人の精神分析をやるってことを引き受けるだけのことですからね。精神分析を一所懸命受けた結果、自分は分析家になりたくないんだ、と本当の意味では思うようになる可能性だってある。それは大事なことです。そういう「直線的でないモデル」っていうものが、大事なんじゃないか。

伊藤：ＣＢＴはモデルも、何をすればいいのかっていうのも確かにわかりやすいし、理論も方法もマニュアルとして示されるのですが、やっぱりそれを身に着けるためのトレーニングは非常に重要で、マニュアル通りにやればできるというものではないので。そこはちょっとＣＢＴの誤解されがちなところで、さっき「なんちゃって」の話がありましたけど、たぶんＣＢＴの中でもやっぱり今「なんちゃって」が増えつつあって……

妙木：回転寿司みたいなやつ。

伊藤：……マニュアル通りにやればそれはＣＢＴをやったことになるみたいな。まあ、そういうことじゃないでしょうと。おそらく、明示的に「こういうことが起きます」ということ以外に、やっぱり人と人が会って何かをしているわけですから、いろんなことが起きているはずなんですね。そこを感じ取って、そこを含めてマネジメントする力が必要なはずで、だから見た目はわかりやすいけれども、そんなに単純なことが起きているわけではないというふうに私は考えてます。

藤山：こういうところが伊藤先生のいいところなんだよな。

妙木：うん、職人モデルってことですよね。

藤山：職人モデル。

キャンセルや遅刻の取り扱い

Ｑ２：ＣＢＴの中では、キャンセルとか遅刻とか、精神分析では「抵抗」として扱われるようなものに対してどういうふうに取り扱っていくのかなっていうことと、あとキャンセルした時のやりとりというか、どういうふうになされるのかなっていうことが気になったんですけども。

妙木：分析では一番重要だもんね。

伊藤：あの、お約束はとても大事なので、最初の契約の時に、時間のこととか、キャンセルの扱いとか、キャンセル料をどうするかとか、遅刻しても延長はしないよとか、そういったことはすべて契約で合意をもらって、あとはその約束通りにする、という感じですかね。

もちろんキャンセルしたら、「またキャンセルするときは連絡くださいね」ってことをお伝えして、連絡なしのキャンセルがあった時は、次いらしたときにもちろんそれについては話し合いますし、あと時間の延長なんかは、約束なので、約束はもう絶対守ります。なので、うちも五〇分のセッションなんですが、三五分を超えてきたら「残りもう十五分だよね」と、十五分で絶対に終わりにするという感じで、それはあんまりその関係性として扱うというよりは、約束事はお互いに守りましょうね、という。そういうスタンスで基本的には扱いますが、もちろんそのキャンセルの理由が、「先生に会いたくなかった」とか、次のアジェンダにすごい抵抗があったとか、そういう個別の事情があれば、それはしっかり扱います。

妙木：先生、でもそれはやっぱり治療妨害要因にもなるから、優先順位はけっこう高いんですよね、約束事として。

伊藤：もちろんとても重要なことだと思います。

妙木：たぶん治療の構造化の一部ではあるんだと思うんですよ。その点は似てるんじゃないですかね。

藤山：精神分析の場合は、少なくとも私はそれを「抵抗」、「いけないもの」だとはあまり思ってないのです。「面白いこと」だと思うんですよね。つまり、金を払ってまで、なぜこの人はこれだけ時間を減らしたのかなって思うわけです。だからそれは大事なコミュニケーションだと思います。私は「抵抗」って言葉をほとんど放棄してます。全部コミュニケーションだと思ってますから。わざわざ治療を休むっていうこと、つまりそれでこちらが嫌な気持ちになったとしたら、この人は何のために自分をその嫌な気持ちにさせたのだろう、と思う。そこが大事なところになるわけですよね。

力動的な心理療法の立場から

Q３：私が感じたのは、藤山先生は精神分析を生きてらっしゃる方で、日本でも数が少ない、と。伊藤先生はCBTをやられていて、「私はCBTをツールとして使ってるものです」という、お互いそれぞれちゃんとスタイルがあるからこそ、きっちりした対話も生まれやすかったかなと思いました。でも一方で、今回そういうふうな立場でいらっしゃると、実は「マイナー同士」というか。心理臨床学会に行かれた時の伊藤先生の感想が、「何か行ってみたらよくわからない『力動』みたいな人たちがいっぱいいる」って言われていて、妙木先生がちらっと「もうちょっと駆逐された方がいいってことですか」みたいなことを、どこかで誰かが（笑）仰ってたと思うんですけど、何かそんなようなことを聞いて、でもその力動的にやってる人たちもそれなりにやっぱり一所懸命やってたり、先生方もそれなりの視点で、河合隼雄先生からの系統のものの考え方をもとに院生教育してたりすると思うんですね。で、その中間で、いま日本で実はそこそこ数が多い「力動的」という立場の人たちが、ここにいたら、どんな対話になるんだろうかな。それぞれ精神分析とかCBTを考えるときに、二人だけでなく、その間の今多くいる人たち、今後どうなるかわかりませんけど、そういう先生がいたらどんな対話になったのかなって興味を持ちました。

妙木：いや、後ろに臨床心理の人々がいらっしゃるから訊いてみます？　どなたか。乾先生とか、やっぱりこれまでの力動的な心理療法を代表なさる立場でひとこと言った方が……確かに極端と極端をぶつけたみたいなところがちょっとあるので。

乾：そうね。僕の本日の対話の感想を申し上げますと、お二人ともまさに職人だなという感じがしましたね。今日の対話は少し極端と極端がぶつかった感じもします。だけどそれだけ明確にもなった。昨今、力動的（精神分析的）な心理療法を実施している臨床家の中には、かなり認知行動療法を取り入れて実施している、いわゆる中間的な方々もおられるのではないかと思います。僕は藤山先生同様いくつかの相違点を踏まえた上ですが、Ego psychology の立場からは、本日の伊藤先生の認知行動療法の実践とは、かなりつながるなとの認識を持ちました。

さらに、お二人のお話をお聞きして大事だなと改めて気づいたことがあります。それは「構造・設定」についての共通の姿勢というか考え方ですね。たとえば、伊藤先生はスキーマ療法の時に、かなり中に入ってゆくという話がありました。しかし、その時に、自分のことについて細かくは教えないとか、契約時の枠組みは絶対に変えないと言われたことです。一方、藤山先生もその点をお話の中で盛んに述べられたように思います。構造設定をしっかり守ることの重要さをお二人共通に話されていたと思います。

そこがとても重要なことで、今日の話の中心にはならなかったけど、精神分析と認知行動療法の二つの療法の違いというよりも、臨床家の基盤となる治療者の共通性を感じました。それはかなり厳しい。

妙木：「厳しい」？　誰がですか？

乾：藤山先生は、対クライアントさんとの関係性について厳しい。非常に真摯に、厳しくしっかり理解して精神分析を実施している。その意味では伊藤先生も同じことを僕は感じました。一見楽に、するするっと伊藤先生は超えているけど、藤山先生同様の真摯で厳しい理解のもとで、さらに伊藤先生の健康さが加味されているかもしれません。藤山先生の「歪んだ」（笑）とは言わないけど、ちょっと斜に構えた感じがあるけど、藤山先生は先生で、クライアントさんに対応する時の厳しい態度を感じました。さきほど中村先生が司会者として「すごく精神分析の原則に沿った」、あるいは「もう一回自分を振り返る」と言われたけど、僕もそんな風に聞きました。

最後に、繰り返しますが本日の対話を通して、お二人の臨床家としてクライアントさんに対する真摯で厳しい関係性の理解（特に構造設定を厳守する姿勢）の重要さを、改めて共有させていただいたと思いました。以上です。

妙木：はい。先生方も何か一言コメントありますか。時間が少ししかないんですけど。

藤山：おそらく私も伊藤先生も、開業臨床家であるということが大きいと思います。やっぱり設定を守らなかったら商売にはならないですよ。仕事にはならない。誰も守ってくれないですから。設定だけが頼りっていう感じはある。

伊藤：えーと、なぜか私がとても健康で藤山先生がいじけている、歪んでいるみたいな話なんですが（笑）。私が思うには、のびのびと「いじけた姿を出せる」という、その健康さってやっぱりすごい。それがやっぱりその、ドア開けながらホテルで寝られちゃうみたいな（笑）、その本質的なヘルシーさを藤山先生からすごく感じます。たぶん私は健康に見えるように振る舞っているだけなんだと思います。

妙木：はい。もうお一人ぐらいしか時間無いんですが、何かありますか？　これは聞いておきたいとか。

藤山：まあめったにないチャンスだから。ピンチかもしれないけど（笑）。

妙木：この二人が揃うことはもうあんまりないかもしれない。はい。

サッカーはサッカー、野球は野球

Q4：伊藤先生が一人の人間としてツールとしてCBTを使っているということを仰っていて、藤山先生の方は、たとえばさっきのご質問の中であったキャンセルとかいうのも分析的にもちろん使えるわけで、その、精神分析家がやる分析がすべて分析であれば、CBTをツールとして分析するみたいなことっていうのはありえるんでしょうか、っていうことをちょっとお聞きしたいなと思いました。

藤山：精神分析って何かっていうことを考えると、精神分析的な方法論なしに精神分析はありえません。方法論がとっても大事です。方法論を変えると自分の全体はぐらついちゃうし、拠って立つところはもうありません。その方法論を変える気はないですね。

ＣＢＴをやるっていうことは全然違う方法論ですよね。それは無理ですね。私には不可能です。サッカーの選手がいきなり野球をやる、野球をサッカー的にやるって難しいような感じがしますね。やっぱり野球は野球でやるしかないんでしょう、きっと。そんな感じがしますけど。

妙木：それでは時間になってしまいました。先生方に拍手を。

あとがき

私の心理士としてのキャリアは、慶應義塾大学文学部の二年生になって所属した心理学研究室から始まっています。この研究室はバリバリの基礎心理学志向で、説明会に出た際、先生方から、「ここは科学的な心理学を追求するところ。実験に次ぐ実験で、統計を使ってレポートを書きまくってもらう。卒論も実験。そのつもりで志望するように」と宣言され、さらに「フロイトとかユングといったことに興味のある人には絶対に来ないでもらいたい」と釘をさされました。私はもともと一年時の一般教養で心理学を取り、人の知覚や認知に多大な興味を抱き、認知心理学を学びたかったので、迷いなく心理学を専攻することにしましたが、「フロイトやユングに興味のある人は来るな」という発言は強烈に心に残り、「そうか、フロイトやユングは心理学ではないのだな。そういった分野には近づかないようにしよう」と思ったことを今でもよく覚えています。実際に学部生のときに学んだのは、バリバリの基礎心理学（例：行動心理学、知覚心理学、認知心理学、発達心理学、心理学実験、心理学統計、生物心理学）であり、毎週実験とレポートに追われ（最初の実験の課題は今でも忘れません、「ハトの持ち方」でした）、認知心理学のゼミに所属し、卒論でも実験を行いました。

その後、大学院（同じく慶應です）では基礎心理学を離れて臨床心理学に進路を変えたのですが、認知心理学の「認知」つながりで、その当時日本に少しだけ紹介され始めていた「認知療法」「認知行動療法」を自分のオリエンテーションとして学ぶことにしました。その際の決め手は、やはり認知療法・認知行動療法（以下ＣＢ

T）が認知心理学や行動心理学など実証的心理学をベースにしていること、うつ病や不安障害に対する治療効果がエビデンスとして示されていることを知ったことです。もちろん認知心理学に馴染んでいたので、CBTの基本モデルを違和感なく理解できた、ということもありました。

大学院に進み臨床系の研究室に所属を変えたことで、さまざまな領域のスペシャリストの先生方の講義を受けることができるようになりました。今思えばめちゃくちゃ豪華な講師陣でした。小川捷之先生（ユング派）、梅津耕作先生（行動療法）、山本和郎先生（ロジャーズ派、コミュニティ心理学）、村瀬孝雄先生（ロジャーズ派、フォーカシング）、そして当時慶應大学の医学部におられた小此木啓吾先生が精神分析の講義にいらしてくださっていたのです。しかし「ユングや精神分析には近づくな」という刷り込みを受けていた私は、そして科学的・実証的心理学にどっぷりと馴染んでいた私は、今思えば不幸なことに、小此木先生の講義の内容がさっぱりわからず、何一つ頭と心に入ってこなかったのでした。精神分析は私の中では「過去の遺物」「化石のようなもの」として（これが私の以前の「精神分析スキーマ」です）、そして「私には関係のないもの」として定着してしまったのです。そして私自身は真っ直ぐに、あまりにも真っ直ぐにCBTを追求し続けてきたのでした。

それから二〇年以上が経過し、縁あって藤山先生と直接お目にかかりお話をする機会を得ました。待合せ場所は藤山先生のオフィス。ものすごくドキドキしながら原宿のオフィスにお邪魔したことを覚えています。先生の精神分析のオフィスは、間接照明で、素敵なアンティークの調度類が並び、本棚には精神分析の古典的な本がぎっしりと詰まっていました。そして精神分析の世界で最も重要なツールであるカウチが鎮座していました！「おお、これがかのカウチだ！」と私はすっかり感動してしまいました。「過去の遺物」が「目の前の現実」に変わった瞬間です。

その後藤山先生と食事に出かけ、たった数時間で、「日本の精神分析の重鎮で、ものすごくおっかない先生」だと思い込んでいた先生像（これも私の偏った「藤山直樹先生スキーマ」でした）ががらりと変わり、「楽しく臨床の話ができる先輩」という感じでおつき合いさせてもらうようになったのでした。

一方でその後藤山先生のご著書を何冊も拝読し、藤山先生の語る精神分析の言葉や文章が、あまりにもスイスイと、そして同時にグイグイと、私の頭と心に真っ直ぐに入ってくることに驚きました。おそらく藤山先生の言葉だからこそ、というのと、臨床実践を始めて二〇年以上経ってやっと私が精神分析を理解する素地を得たから、というのと、二つの理由があるのだと思います。そのおかげで、実証とか科学とか操作的定義とかエビデンスとか、そういったこととは別の次元でも、私たちは人の心を考えることができるし、それはたいそう意味のあることだ、ということがようやくわかりかけてきたのです。精神分析はその歴史のなかで、そういう営みを脈々と続けてきていること、そして私がずっと学んできた心理学とは別の角度から人の心に関する知見を積み重ねてきていることが、今になって実感できるようになりました。

そんな中でいただいたのが今回のパネルディスカッションの企画です。藤山先生と対話するのがこの私では失礼なのではないかと悩みましたが、先生の胸を借りるつもりで（それだけ藤山先生を信頼しているということです）、思いきって臨みました。CBTで言うところの曝露（エクスポージャー）です。結果的には、予定調和ではなく、ぶっつけ本番で本音全開の、とても実りある対話ができたと思います。しかもそれがこのような素敵な著作になるとは！　何かに導かれるように藤山先生と精神分析に出会い、このような企画に参加させてもらい、それが本にまでなるとは！　生きていると面白いことがいっぱいあるなあ、と改めて感じます。この本が今後さらに何を生みだすことになるのかワクワクしてしまいます。

最後になりますが、藤山先生との出会いを作ってくださった吉村由未さん、当日司会の労を取ってくださった妙木浩之先生、藤山先生との対話と私自身の思考を深めてくださったフロアの先生方に深く御礼申し上げます。ありがとうございます。そして何よりも、このような機会をくださった藤山先生に心より感謝申し上げます。先生の、いつまでも若々しく、新たな学びや遊びに開かれたあり様にいつも学ばせてもらっています。今後ともどうぞよろしくお願いいいたします。

伊藤　絵美

二〇一六年七月吉日

著者略歴

藤山直樹（ふじやま　なおき）

1953年　福岡県に生れる。幼少期を山口県の瀬戸内海岸で育つ。

1978年　東京大学医学部卒業

その後，帝京大学医学部助手，東京大学保健センター講師，日本女子大学人間社会学部教授を経て

現　在　上智大学総合人間科学部心理学科教授，東京神宮前にて個人開業，国際精神分析学会会員，日本精神分析協会訓練分析家，日本精神分析協会運営委員，日本精神分析学会運営委員，小寺記念精神分析研究財団理事長

著訳書　精神分析という営み（岩崎学術出版社），心のゆとりを考える（日本放送出版協会），転移 - 逆転移（共著，人文書院），「甘え」について考える（共編著，星和書店），オグデン＝こころのマトリックス（訳，岩崎学術出版社），サンドラー＝患者と分析者［第2版］（共訳，誠信書房），現代フロイト読本1・2（共編著，みすず書房），集中講義・精神分析 上・下，続・精神分析という営み，精神分析という語らい（以上 岩崎学術出版社），落語の国の精神分析（みすず書房），フロイト＝フロイト技法論集（岩崎学術出版社），他

U R L　http://www.fujiyamanaoki.com/

伊藤絵美（いとう　えみ）

1990年　慶應義塾大学文学部人間関係学科心理学専攻卒業

1996年　同大学大学院社会学研究科博士課程満期退学

現　在　洗足ストレスコーピング・サポートオフィス所長

千葉大学子どものこころの発達教育研究センター特任准教授

博士（社会学）　臨床心理士　精神保健福祉士

日本認知療法学会幹事．日本ストレス学会評議員

国際スキーマ療法協会（ISST）正会員

著　書　認知療法・認知行動療法カウンセリング初級ワークショップ（星和書店），認知行動療法カウンセリング実践ワークショップ（星和書店），ケアする人も楽になる認知行動療法入門 Boo1&2（医学書院），事例で学ぶ認知行動療法（誠信書房），自分でできるスキーマ療法ワークブック Boo1&2（星和書店），他

訳　書　J. ベック＝認知行動療法実践ガイド（共訳，星和書店），ネズ他＝認知行動療法における事例定式化と治療デザインの作成（監訳，星和書店），ガウス＝成人アスペルガー症候群の認知行動療法（監訳，星和書店），ヤング他＝スキーマ療法（監訳，金剛出版），アーンツ他＝スキーマ療法実践ガイド（監訳，金剛出版），他

司会者（50音順）

乾　　吉佑（多摩心理臨床研究室／専修大学名誉教授）

中村留貴子（東京国際大学）

深津千賀子（国際医療福祉大学大学院）

妙木　浩之（東京国際大学）

認知行動療法と精神分析が出会ったら
—こころの臨床達人対談—
ISBN978-4-7533-1106-4

著　者
藤山　直樹
伊藤　絵美

2016年9月4日　第1刷発行
2021年11月1日　第3刷発行

印刷　(株)新協　／　製本　(株)若林製本

発行所　(株)岩崎学術出版社　〒101-0062 東京都千代田区神田駿河台 3-6-1
発行者　杉田　啓三
電話 03(5577)6817　FAX 03(5577)6837
©2016　岩崎学術出版社
乱丁・落丁本はおとりかえいたします　検印省略

集中講義・精神分析㊤——精神分析とは何か／フロイトの仕事
藤山直樹著
気鋭の分析家が精神分析の本質をダイレクトに伝える　本体2700円

集中講義・精神分析㊦——フロイト以後
藤山直樹著
精神分析という知の対話的発展を語り下ろす待望の下巻　本体2700円

精神分析という語らい
藤山直樹著
精神分析家であるとはどういうことか　本体3300円

精神分析という営み——生きた空間をもとめて
藤山直樹著
症例を前面に「分析」をともに考え，ともに理解する営み　本体3800円

事例で学ぶアセスメントとマネジメント——こころを考える臨床実践
藤山直樹・中村留貴子監修
様々な職場で信頼される心理士になるために　本体2300円

フロイト技法論集
S・フロイト著　藤山直樹編・監訳
実践家による実践家のためのフロイト　本体3000円

子どものためのトラウマフォーカスト認知行動療法
J・A・コーエンほか編　亀岡智美／紀平省悟／白川美也子監訳
さまざまな臨床現場における TF-CBT 実践ガイド　本体3500円

統合的方法としての認知療法
東斉彰編著　大野裕／J・E・ヤング／伊藤絵美ほか著
認知療法の現在と未来の可能性を探る　本体2800円

初回面接入門——心理力動フォーミュレーション
妙木浩之著
心理療法の場でのよりよい出会いのために　本体2500円

この本体価格に消費税が加算されます。定価は変わることがあります。